Scrittori italiani e stranieri

Anna Katharina Fröhlich

La trama dell'invisibile

ROMANZO

Traduzione di Agnese Grieco

MONDADORI

mondadori.it

La trama dell'invisibile
di Anna Katharina Fröhlich
Collezione Scrittori italiani e stranieri

ISBN 978-88-04-80153-5

I edizione aprile 2025

La trama dell'invisibile

Ma ciascuno dei giorni passati è rimasto depositato in noi come in un'immensa biblioteca dove dei libri più antichi c'è un esemplare di cui nessuno, probabilmente, farà mai richiesta.

MARCEL PROUST, *Alla ricerca del tempo perduto*

Era più o meno mezzogiorno, e mi trovavo nel padiglione 4 della Fiera del libro di Francoforte in compagnia di mia madre. Indossavo un abito di lana verde scarabeo lungo fino a terra, ricavato forse da un tessuto per tende o tappezzeria con un motivo damascato, dalle maniche a sbuffo e una fila di bottoni di plastica verde lucido. Sul capo portavo un cappello di feltro a tesa larga, anch'esso verde.

Avevo ventitré anni. Il debole per grandi cappelli e abiti lunghi fino a terra mi veniva da mia madre, che quel giorno stava accanto a me con una gonna nera che dai fianchi ricadeva in tre balze fino a sfiorare i tacchi delle scarpe, e a chi la guardava trasmetteva il chiaro messaggio che lei era di un altro mondo, un mondo in cui crescevano cipressi e ulivi, il fuoco bruciava nel camino, le fontane mormoravano, di colpo apparivano serpenti e spari di fucili da caccia risuonavano nell'aria. Mia madre aveva il dono di non sembrare grottesca, bensì di ricordare un'attrice che da tempo aveva lasciato il set di un film di Jean Renoir e ora passeggiava nel suo costume di scena lungo i corridoi della Fiera per incantare uomini che, come Calderón de La Barca, nella vita vedevano un sogno.

Insieme a lei, in quei grandi padiglioni entravano il *varieté* e il mondo di Giandomenico Tiepolo, qualcosa che lasciava dietro di sé un'impressione di stravaganza e avventurosità erotica. In verità, mia madre dispiegava quella sua civetteria da vivandiera affidandosi al solido sfondo del suo giardino sul lago di Garda, di cui raccontava a tutti coloro che le rivolgevano la parola. Di quel giardino portava sempre con sé qualcosa, un soffio dell'odore di cenere del camino della sua cucina o una minuscola piuma di gallina color ruggine, rimasta impigliata nella trama della gonna.

Intorno a noi, tutti avevano un fitto programma di appuntamenti, solo mia madre e io passeggiavamo per la Fiera come in un luna park. Conoscevo la Fiera fin da bambina, amavo la venditrice di sigarette dalla voce roca che gridava: «Sigari! Sigarette!», l'odore di caffè e di carta. Non importava che tempo facesse, se soffiava un vento tagliente o si era ancora immersi nella calura di fine estate, noi due ce ne stavamo ad aspettare davanti alle transenne, finché un amico non ci passava di nascosto due biglietti per entrare. Nei corridoi della Fiera incontravamo poi figure romantiche come il traduttore dall'ungherese Paetzke, lo storico Günter Barudio, l'editore in punta di fioretto Michael Klett, il giornalista Andreas Razumovsky e il traduttore Peter Urban. Gli stand italiani ci mettevano addosso la voglia di viaggiare, quelli francesi riverente curiosità. Una volta cresciuta, la Fiera per me era diventata una *vanity fair*, dove si andava in cerca di un amore.

Ed ecco che, sotto l'ala del suo cappello nero ripiegata in alto, lo sguardo miope ma non per questo meno tagliente di mia madre cadde su un uomo che stava parlando con Axel Matthes allo stand di Matthes & Seitz. Di colpo quest'uomo mise in ombra ogni altra persona.

Raramente vittima di errori quando si trattava di questioni esistenziali come la conquista di un uomo di spirito, mia madre mi disse: «C'è Roberto Calasso». Si tolse gli occhiali e attraversò il corridoio armata del più radioso degli sguardi.

Era venerdì 13 ottobre 1995.

Heinrich Heine ritiene che le autobiografie non dicano quasi mai il vero e che l'uomo sia anzi destinato a mentire riguardo a sé stesso. Io sono della convinzione che l'uomo, nell'inestirpabile consapevolezza della sua insignificanza, menta sempre su sé stesso per non disperare di sé. Sogno e bugia sono le belle stoffe dai luminescenti colori stese come un velo protettivo su ciò che Kafka chiama "l'indistruttibile" nell'uomo.

Vista da una prospettiva più elevata, anche una data è menzogna, un arresto escogitato dall'uomo nel flusso di ciò che egli chiama tempo. Dopotutto, cosa sono i giorni e le ore del calendario se non ganci a cui appendiamo i nostri ricordi?

Se apro il mio diario del 1995, dalle sue pagine mi volano incontro appunti, ritagli di giornale e biglietti del treno. Fra gli altri, un pezzo di carta ripiegato più volte, divenuto nel corso degli anni sempre più sottile e simile per consistenza all'ala di una libellula, sul quale, nella calligrafia di Roberto ora quasi illeggibile, sta scritta la data del nostro primo incontro. Questo piccolo biglietto, con i numeri ridotti ormai a filigrana, che un tempo Calasso scrisse usando un inchiostro fresco di colore blu, a poco a poco del tutto sbiadito, concentra in sé il potere di darmi accesso al giorno di ottobre in cui lo incontrai.

Ovviamente non ricordo l'ordine esatto delle frasi che mia madre rivolse a Calasso non appena se lo trovò davanti, ma ciò che disse suonò più o meno così: «Mi chiamo Jane Ross e questa è mia figlia Katharina. Tempo fa ho letto *La casa della vita* di Mario Praz e vorrei tradurlo in tedesco».

Come nella favola di *Alì Babà e i quaranta ladroni*, alla fine era solo questione di trovare la formula giusta, l'"apriti Sesamo", ossia il nome di Mario Praz, per trasformare il già vivo interesse di Calasso in piena attenzione.

Non so quanto corrispondesse al vero, ad ogni modo mia madre, in seguito, sostenne che lei era alla ricerca di un protettore per sua figlia: ma perché mai io, a ventitré anni, avrei avuto bisogno di un protettore a Milano, dove mi ero appena iscritta alla facoltà di Filosofia? Ritengo piuttosto che lei avesse semplicemente colto l'arrivo del momento perfetto perché io tentassi la mia fortuna nel mondo, che per lei, in quel preciso attimo, era Roberto Calasso.

Il suo secondo marito Günter Maschke aveva speso parole difficili da dimenticare, giudizi che l'avevano spinta a rivolgersi a lui senza vergognarsi di non aver letto nemmeno un suo libro. Le osservazioni di suo marito riguardo a Calasso, che secondo Maschke si collocava per fama intellettuale al di sopra di ogni altro editore e uomo di lettere, permisero quindi a mia madre di avvicinarsi a Roberto non solo come a una personalità mitica, ma anche come a una sorta di parente elettivo, sebbene Calasso, da parte sua, di questa affinità elettiva non possedesse la più pallida idea.

Ai suoi occhi, lo scrittore italiano era una specie di Madame de Guermantes tra gli editori, alla quale lei stava cercando di introdurmi. Non diversamente da Marcel Proust, mia madre riteneva che lo spirito fosse un dorato e miracoloso dono, inesprimibile a parole, pervaso dalla freschezza del bosco. In questo, Roberto avrebbe forse potuto segretamente concordare con lei, la formulazione gli sarebbe tuttavia parsa non del tutto riuscita. La parola "spirito" poteva irritarlo come nessun'altra.

Indipendentemente da ciò che le madri desiderano per le loro figlie, ogni amore ha origine nel volto. Gli occhi di Calasso, dopo essersi posati in fulminea alternanza su mia madre e su di me, rimasero incollati al mio viso.

L'attimo del nostro primo incontro allo stand di Matthes & Seitz fu il più fatale della mia vita. Sotto il cappello di feltro percepivo che mia madre stava compiendo qualcosa di audace. Per nulla riservata, come dettano le buone maniere, dalla sua bocca uscivano parole entusiaste e nell'aria intorno a lei riecheggiavano nomi di scrittori e titoli di libri. Mia madre non disse nulla che esprimesse la sua ammirazione per Calasso, furono piuttosto i suoi sguardi lampeggianti, la postura leggermente inclinata verso di lui e il suo riso a parlare.

Anche se nel mio vestito verde con le maniche a sbuffo stavo accanto a mia madre come una comparsa in una commedia goldoniana, dovevo comunque emanare qualcosa di molto allegro e seducente perché Roberto non si diede alla fuga, come usava fare. Era curioso di me, infinitamente curioso. In una lettera, tempo dopo, mi scrisse che la mia apparizione era stata per lui un'epifania.

Quegli istanti allo stand di Matthes & Seitz erano intrisi di un brio che ci aveva ammaliato tutti e tre. Ciò che univa Adelphi alla casa editrice fondata da Axel Matthes a Monaco era il privilegio di dare spazio a un pensiero eterodosso e metafisico in un'epoca in cui esisteva ancora una sorta di ortodossia marxista. Andando al di là della classica contrapposizione tra religione e illuminismo, sia Adelphi che Matthes & Seitz pubblicavano autori come Pavel Florenskij o Cristina Campo, scrittori il cui pensiero andava oltre un rigido materialismo e che al contempo erano troppo moderni per appartenere ancora ai bei tempi andati dell'inganno dei preti e dell'oppio dei popoli.

Se non ricordo male, Roberto prese bruscamente congedo dal suo amico Axel Matthes e noi lo seguimmo per i corridoi della Fiera fino allo stand Adelphi. Già durante questi primi passi al suo fianco, insieme all'impressione che ad attrarlo fossero arguzia e prontezza di riflessi, sentii crescere dentro di me l'esaltante urgenza di non lasciarmi sfuggire dalle labbra nessuna insulsaggine. Era evidente che Calasso non provava alcun interesse per le persone che non capivano al volo. Nei suoi sguardi e nelle sue parole c'era la palese speranza, vagamente infantile, che io disponessi dei giudizi "giusti", della cui esistenza era convinto.

Avevo conosciuto Roberto il venerdì mattina. Il venerdì sera, con una gonna nera, un maglione nero e un velo di pizzo dello stesso colore annodato sotto il mento, lasciai la foresteria della Deutsche Bank, gestita all'epoca dalla mia amica Lis Hauber. Mi sentivo come un Gil Blas femminile prima della partenza per Salamanca, quando abbracciai mia madre e Lis, che mi avevano aiutato nella scelta dei vestiti da indossare e profumato di Shalimar, ma, invece di montare su un mulo, mi incamminai per le strade buie e fredde del Westend autunnale. I marciapiedi erano coperti di foglie di castagno secche che, ammorbidite dall'umidità notturna, odoravano di funghi e muffa e impregnavano l'aria in quelle strade che da bambina avevo percorso spesso, lasciando ogni volta qualcosa di me, che a ogni viaggio a Francoforte ritrovavo. Su una recinzione in ferro battuto o nel giardinetto ricoperto di edera davanti a una certa casa, restava ancora qualcosa del mio essere di allora come fosse un'impronta digitale.

Simile a un'attrice prima dell'entrata in scena, portavo il trucco sul viso come fosse colore fresco, il *rouge* pesca, il mascara nero sulle ciglia e l'eyeliner nero a segnare le palpebre. Alla fine, raggiunsi l'hotel Der Hessischer Hof, dove a quell'ora si fermava un taxi dopo l'altro. Al Jimmy's Bar si entrava scendendo una stretta scala laterale.

All'inizio di una storia d'amore, non c'è nulla di più eccitante dei passi che si fanno verso una porta chiusa, dietro la quale è in attesa l'uomo o la donna da conquistare. Calasso sedeva a un tavolino con un gin tonic.

Da quel primo incontro con Roberto al Jimmy's Bar, la Fiera del libro significò per me il rumore delle portiere dei taxi che si aprivano e chiudevano, i passi frettolosi su per le scale che portavano all'Hessischer o al Frankfurter Hof.

Da anni, il venerdì sera della Fiera del libro, Calasso era solito invitare al Restaurant Français Vladimir Dimitrijević, l'editore di origine serba de L'Âge d'Homme, ma quell'anno aveva annullato l'invito al vecchio amico per portare me in quel ristorante. Vladimir! Quante cose mi avrebbe raccontato Roberto su quest'uomo.

Seduti uno di fronte all'altra nella luce soffusa del Restaurant Français, bevemmo champagne e cominciammo a raccontare, un racconto che sarebbe continuato per altri venticinque anni.

All'epoca possedevo, credo, tutte le qualità per piacere a Roberto. Ero bella, non andavo a votare, non leggevo i giornali, non provavo interesse per le mode e le manie del momento, ero figlia di uno scrittore e preda di un famelico appetito per i libri. La mia breve biografia sembrava fatta apposta per attirare un uomo come lui: le "donne avventurose" lo facevano sognare. "Era una donna avventurosa" è un'espressione che lo sentii dire sovente, quando parlava di un certo tipo di donne che lo affascinavano. Anche il fatto che fossi tedesca gli piaceva, dato che il suo primo amore, una ragazza dalle lunghe trecce bionde che alle elementari aveva frequentato la sua stessa scuola, veniva dalla Germania. Roberto amava la letteratura tedesca, la lingua tedesca, la parola tedesca *Faulpelz*, "pigrone".

Avevo molto da offrire all'uomo seduto di fronte a me. Anche se non ero al mondo da tanto tempo, ci ero tuttavia stata abbastanza a lungo da aver probabilmente vissuto più esperienze di una donna con il doppio dei miei anni. Gli parlai soprattutto di mio padre, Hans Jürgen Fröhlich. Dopo la sua morte prematura, lo custodivo nella memoria come un santo e lo facevo rivivere ogni volta che ne parlavo, pregando indirettamente il mio interlocutore di onorare in me la sua figura. Oltre a diversi libri – sei romanzi, un volume di racconti e una biografia di Schubert – aveva scritto innumerevoli saggi, pezzi di critica, discorsi, recensioni e articoli per "Die Welt der Literatur" e per la "Frankfurter Allgemeine Zeitung". Fu in seguito a un suo contributo per la "Frankfurter Anthologie" che Marcel Reich-Ranicki lo chiamò, nel 1976, a collaborare alla "Frankfurter Allgemeine Zeitung". Nato a Hannover nel 1932, mio padre in realtà avrebbe voluto diventare musicista e aveva studiato con Wolfgang Fortner. Un giorno però, mentre cercava del materiale per ricavarne un libretto d'opera, si imbatté nei libri di Franz Kafka. La lettura dei romanzi e dei racconti di Kafka lo spinse a iniziare a scrivere e ad abbandonare la carriera di compositore.

Certo, ero civetta e conoscevo l'arte di affascinare un uomo, ma dalla persona che mi stava di fronte pretendevo sempre rispetto per la vita che mi era toccata in sorte grazie al mondo intellettuale dei miei genitori, una vita fatta soprattutto di letteratura e di un giardino. A Roberto parlai anche dei miei due patrigni. In quanto editore di Carl Schmitt, le cui tesi sono molto controverse in Germania, Roberto, italiano in tutto e per tutto, le dava probabilmente per scontate. Calasso aveva già incontrato più volte alla Fiera del libro Günter Maschke, uno dei maggiori esperti del filosofo, ma non conosceva invece il mio secondo patrigno, Thomas Ross, che, dopo aver lavorato per anni alla "Wiener Presse", nel 1965 era diventato corrispondente estero per la "Frankfurter Allgemeine Zeitung" e aveva scritto da Belgrado, Tokyo e Nuova Delhi, nel suo ruolo di inviato nei Balcani, nell'Asia orientale e poi, all'inizio degli anni Ottanta, nell'Asia meridionale.

La mia bizzarra storia familiare gli parve un po' inverosimile, come Roberto mi confessò in seguito, ma quella sera percepii tutto il piacere che provava nell'ascoltare le mie storie e parlare con me.

Nel Settecento la mia educazione e la mia istruzione sarebbero state considerate assolutamente fuori dalle regole. Avevo frequentato le scuole elementari e i primi due anni del ginnasio tedesco a Francoforte, altri due anni di ginnasio a Monaco di Baviera, e cinque anni di liceo linguistico a Salò, sul lago di Garda, quando, con gran divertimento di mio zio docente di pedagogia, che rideva di me e mi considerava uno zero assoluto, terminai la scuola all'età di ventun anni. Non furono però le diverse scuole a coniare il mio carattere e i miei gusti, bensì il tempo che dall'età di quattordici anni trascorsi nel luogo che era la mia *Angria*: Mornaga.

Come sotto le volte di un monastero medievale, tra le mura di Mornaga mi sentivo protetta al pari di un giovane merlo nel suo nido. Questo pezzo di terra sul lago di Garda, con il suo uliveto, la vecchia limonaia, le fontane e le piante, fin dall'infanzia, ma soprattutto da quando mi ero trasferita in Italia dalla Germania, aveva sempre fornito ricchissimo materiale alla mia fantasia, proprio come il regno di *Angria* inventato dai fratelli Brontë, dove Charlotte, Emily, Anne e Branwell ambientavano le loro storie in un mondo pieno di splendore orientale, con città di vetro e deserti infuocati. A otto o nove anni composi al pianoforte una canzone su Mornaga che trascrissi nel mio diario. Si intitolava "Mornaga, casa dei sogni di tutti i sognatori".

Quella vita anarchica, con le notti di letture davanti al camino, i lavori nella grande proprietà inselvatichita che mia madre aveva a poco a poco trasformato in un giardino ornamentale, le amicizie con gli artigiani, i contadini e i vecchi della zona, le storie d'amore sbocciate lì, il viavai di amici da Francoforte, Vienna, Nuova Delhi, Berlino, Parigi o Monaco, la scoperta che la realtà dipende esclusivamente dall'immaginazione, mi aveva reso un po' selvaggia ed estranea al mondo.

Il mio essere sorprese Roberto. Intuiva che spesso la mia vita non era stata facile, mai però noiosa.

Sapevo che tutto avrebbe avuto davvero inizio solo con una visita di Roberto nella mia *Angria* e lo invitai quindi a venirmi a trovare a Mornaga il giorno del mio compleanno, dichiarando di voler uccidere in suo onore un'anatra. Partivo dal fermo presupposto che l'immagine di una donna che uccide un'anatra dovesse sembrargli così romantica come a me appariva. Che stupore provai quindi nel vederlo contrarre il viso in una smorfia e implorarmi di lasciare in vita l'animale, per l'amor del cielo! Ciò che ai miei occhi appariva romantico, lui lo considerava una barbarie.

Non fu solo la scoperta che il desiderio di andare al passo con i tempi mi era del tutto estraneo a conquistare Roberto. Ciò che entusiasmò l'uomo seduto al tavolo del Restaurant Français, dove regnava il silenzio di una sala in un albergo termale, era il fatto che la mia vita aveva sempre ruotato intorno ai libri e che, evidentemente, sarebbe stato sempre così, che nella mia stanza di bambina c'erano le opere di Clausewitz ed Ernst

Kreuder, le memorie di viaggio di Charles Darwin e le storie di Jouhandeau e Gobineau. Priva di una seria istruzione, era grazie alla lettura che avevo sviluppato un occhio acuto per i libri.

Roberto era l'uomo perfetto davanti al quale fare sfoggio della mia vita e delle mie letture. La giovane donna seduta di fronte a lui era fatta, come una trapunta patchwork, di tutti i libri che aveva letto fino a quel momento. Marcel Proust, Virginia Woolf, Katherine Mansfield, Anton Čechov, Henry Miller, Paul Verlaine, Tolstoj, Molière, Gottfried Benn: per tutta la durata della lettura, mi ero calata in ognuno di questi scrittori e poeti come in un pozzo. E come nel risalire da un pozzo un'alga o un po' di fango rimangono attaccati a qualche parte del corpo, così al mio essere era rimasto attaccato qualcosa di questi uomini e donne, "una parola, una frase, la struttura di una frase, un fulgore, uno sfavillio d'astri", come dice Gottfried Benn in una sua poesia.

Il mantello di Madame de Guermantes con la sua fodera rosso Tiepolo: quante volte lo avevo portato sulle spalle, e il professore del racconto di Katherine Mansfield *L'anima moderna* aveva rivolto almeno tre volte anche a me la domanda: "O forse non le piace mangiare i vermi? Tutte le ciliegie contengono vermi". Con che tensione interiore avevo attraversato la casa radiosa e al tempo stesso tetra dell'alchimista di Balzac, con il suo camino di marmo, i tavoli da gioco, le *consoles* dorate, le sfere di vetro dipinte piene di pesci, le sue pesanti tende damascate rosse a fiori neri foderate di seta bianca! Quando avevo diciannove o vent'anni, in una piovosa sera di aprile, alla ricerca di un "piccolo nido d'amore" a Brooklyn Heights, mi ero infilata un paio di lunghi guanti e avvolta intorno al collo una bella pelliccia di talpa per iniziare come Mona una *Vita nuova* con Henry Miller. E tutti i baci che Albertine, nella *Recherche* di Proust, aveva ricevuto da Marcel io li avevo poi passati all'agente assicurativo di cui una volta ero stata innamorata.

La nostra conversazione, condotta in italiano, mi ricongiungeva a un mondo a me caro fin da bambina. I nomi che pronunciammo a quel tavolino, Iosif Brodskij, Federico Fellini, Karen Blixen o Georges Simenon, ci servivano da aghi magnetici.

Avevo letto *Le nozze di Cadmo e Armonia* qualche tempo prima. Gli altri libri di Roberto non li conoscevo, fu solo al Restaurant Français che cominciai a interessarmene e a fargli delle domande in proposito. Anche se in lui non traspariva il minimo desiderio di piacere, gli recò gioia vedermi così ricettiva nei riguardi dei suoi libri. Poco dopo il nostro incontro, avrei letto *La rovina di Kasch*, pubblicato nel 1983, che Calasso in *Opera senza nome*, testo pubblicato postumo, chiama il *vivarium* della sua opera. L'unica cosa, sostiene Calasso in questo libro, che Talleyrand conservò è il suo stile, perché Talleyrand sapeva che lo stile è l'unica arma affidabile se si vuole continuare a vivere. Chi, per sopravvivere, si arrende al momento e ne adotta lo stile sarà ucciso dal momento successivo, si dice nella *Rovina di Kasch*. Il credo di Ezra Pound, secondo cui lo stile è il banco di prova per la sincerità di un essere umano, era anche il credo di Calasso. Come tutti gli scrittori, anche lui aspirava a inventare una forma letteraria mai esistita prima. In un'intervista rilasciata ad Alain Jaubert, Roberto ha spiegato di aver sempre creduto che la forma dovesse essere la cosa essenziale. La forma in letteratura non corrisponde forse a ciò che la liturgia è all'interno della Chiesa? Senza liturgia, ci si muove come in "un enorme mattatoio", si legge nella *Rovina di Kasch*, un testo per il quale Calasso, grazie al fitto intreccio di citazioni, versi poetici, scene teatrali, lettere, aforismi, cronache, aneddoti e pagine manoscritte, che risalivano a dieci o anche a vent'anni prima, aveva trovato una forma stilistica fino ad allora sconosciuta, tenuta insieme da una visione *sinottica e simultanea* della storia, come la definisce Léon Bloy, per il quale la storia è come un arazzo in cui si possono accostare e collegare a colpo d'occhio episodi diversi e appartenenti a un remoto passato. Che si tratti di un rituale vedico o della Prima guerra mondiale, grazie alla visione sinottica e simultanea è possibile cogliere queste cose a colpo d'occhio, come se fossero avvenute nel medesimo periodo. In *Opera senza nome*, Calasso afferma con chiarezza il suo rifiuto di vedere il passato come una linea continua, come vorrebbero tutte le ortodossie.

In *Kasch* sono poste le basi di tutti i libri di Calasso. Già nella seconda pagina appare, in relazione al Congresso di Vienna, la parola sanscrita *ṛta*, tradotta come "ordine del mondo" o "verità". Se questa parola dal suono strano, corta e difficile da pronunciare, designa l'accordo fondamentale all'interno della sua opera, le pagine sul sacrificio costituiscono il nervo dei suoi libri. E naturalmente in *Kasch* incontriamo Baudelaire, il sommo sacerdote della modernità, descritta da Roberto come qualcosa di opprimente e allo stesso tempo eccitante, qualcosa che già appartiene all'archeologia e che il poeta di *Les Fleurs du mal* per primo ha compreso e raffigurato come nessun altro. Al pari di Kafka, Baudelaire attraverserà tutti i libri di Calasso fino a comparire come protagonista nella *Folie Baudelaire.*

L'opera di Calasso, che abbraccia eoni e continenti, potrebbe anche essere definita un ciclo metafisico in cui ricorrono i medesimi motivi – il *ṛta,* il sacrificio, il divino, la modernità, analogia e sostituzione, coscienza ed eros. Così come Balzac scoprì solo in un secondo momento la *Comédie Humaine* nei suoi romanzi, anche Calasso si rese conto solo tardivamente che i suoi libri formano un corpo unico, un *opus*, tenuto insieme dalla sua ricerca dell'ignoto che regge ogni cosa ed esige il sacrificio. Come il pio uomo di un tempo in *Kasch*, che si limitava a puntare il dito verso il mondo e le stelle, invitandoci ad aprire gli occhi sui segni di un ordine divino che vi si manifestava, Roberto indicava l'ordine divino attraverso i suoi libri, che per ogni lettore si possono trasformare in un manuale di autoiniziazione.

Quando dissi a Roberto che studiavo filosofia a Milano, lui mi consigliò: «Smetti il prima possibile di studiare! Sei troppo intelligente per il mondo accademico!».

Condividevamo anche un'altra passione: l'India. A metà degli anni Ottanta Roberto aveva fatto un viaggio in India insieme a sua moglie, Marella Agnelli e altri amici. Soprattutto Madurai, con i suoi templi e i sarti seduti di fronte, che cucivano con fulminea velocità camicie e pantaloni, gli era rimasta impressa nella memoria. Gli raccontai dei miei soggiorni a Nuova Delhi e nel piccolo regno di Samthar, nello stato dell'Uttar Pradesh. Fu un racconto lungo, che già quella sera portò alla luce il mio desiderio di fare un giorno un viaggio insieme a lui in un paese che amavo come si ama una persona.

Durante la nostra conversazione, prestai la massima attenzione alla sua voce e al suo modo di parlare, che aveva qualcosa di inusuale in confronto alla maniera di discutere degli italiani, accompagnata da gesti.

Roberto non assomigliava in nulla agli altri uomini che avevo conosciuto fino ad allora, anche se in lui ritrovavo unite quasi tutte le qualità apprezzate singolarmente nell'uno o nell'altro dei miei corteggiatori. In Roberto incontrai eleganza, erudizione, cosmopolitismo, serietà, animo fanciullesco e generosità. Di amarezza nemmeno l'ombra, nessun'impronta di delusioni pregresse o di ambizioni inesaudite, e soprattutto nessuna traccia di meschinità o grettezza piccolo borghese. Che il successo mondano lo avesse accompagnato fin dalla giovinezza e che amasse la vita glielo si leggeva in faccia.

Lo sguardo di Roberto era penetrante e di grande eloquenza. Come la vena delicatamente disegnata nell'ambra, così ad attraversare il suo sguardo erano sensibilità e passione. A volte i suoi occhi emanavano un raggio tagliente. Spesso mi capitò di osservare il contrarsi minaccioso delle sue pupille e l'improvviso addensarsi della concentrazione. In seguito, mi raccontò che era orgoglioso di quella vena blu sopra l'occhio sinistro, a volte più gonfia a volte meno. Come nel suo sguardo, anche nelle labbra sottili e al tempo stesso sensuali si accumulava tensione, quasi la bocca pensasse i suoi pensieri. Roberto era virile, ma non c'era nulla di espressamente maschile in lui, e poi possedeva sprezzatura, l'atteggiamento che Baldassare Castiglione pretende dall'uomo di corte, un insieme di mancanza di affettazione, disinvoltura e soprattutto leggerezza nell'affrontare le situazioni anche più difficili della vita.

Come il vapore da una tazza di caffè, da lui si spandeva l'aroma inconfondibile del *lettore*, anche se percepivo che il suo sapere era più profondo di quello degli uomini che avevo incontrato fino ad allora. L'aria che lo circondava era quella di un uomo che aveva tesori da offrire, legato da un rapporto vivo a poeti come Ovidio e Mallarmé, a scrittori come Céline o Musil.

Molti anni dopo, un giorno mi rivelò che la fisionomia significava tutto per lui. E che Roberto fosse un uomo che venerava le donne, la sua fisionomia lo rivelava al primo sguardo, così come appariva chiaro che per lui nelle donne la bellezza fosse l'unico elemento decisivo. Soprattutto ammirava bellezze femminili con un tocco, ma un tocco soltanto, di mascolinità, o almeno un tocco di maschile arte della provocazione. Roberto mi piacque fin dal primo momento proprio *perché* amava le donne. Nel suo *Apropos Casanova*, lo scrittore ungherese Szentkuthy constata: "Non sussiste dubbio alcuno, è una legge di natura, ma poche donne sono capaci di accettarlo: colui che le ama nel modo in cui loro hanno sempre sognato, per sua natura amerà molte altre donne, perché chi nasce con un simile talento per l'amore è sempre anche un Don Giovanni". E Calasso era nato con un talento per l'amore. Così come le donne attraevano Roberto, anche Roberto attraeva le donne. Ma era poi così difficile trovare fascinoso un uomo dietro la cui figura si aprivano biblioteche e le stanze di una casa editrice?

Intuii che forse con Roberto avrei conosciuto quel genere di amore che era cresciuto nella mia immaginazione durante le lunghe ore di lettura. Colma del desiderio di amare in un modo simile alle figure femminili di Proust o di Balzac, immaginavo che le donne amate da Roberto fossero state apparizioni di un'eleganza travolgente. Forse già quella sera fui gelosa di tutte le figure femminili apparse nella sua vita, di sua moglie, delle sue amanti, delle signore dell'alta società che se lo contendevano. Già nel Restaurant Français doveva aver preso forma dentro di me la decisione di sbaragliare le mie rivali reali e quelle immaginarie. Come Leni nel *Processo* di Kafka, volevo diventare al più presto la sua amante e, come Leni, mi concentrai subito non sui difetti di una sola donna, ma sui difetti di tutte le donne che Roberto doveva aver incontrato nel corso della sua vita. Non ricordo più con esattezza, ma a un certo punto, con la tipica mania di farsi del male dello Scorpione, ho sicuramente portato il discorso su sua moglie. Sapevo che era sposato e non ho battuto ciglio quando me lo ha ripetuto.

Prendere o lasciare? Non avevo alcun dubbio: prendere! Quello in cui mi stavo cacciando non era privo di pericoli. Ma cosa non è pericoloso nella vita? "Quando godiamo, non siamo mai turbati dal pensiero che la nostra gioia sarà seguita da un dolore" dice Casanova.

Qualunque cosa potesse accadere, avrei seguito quest'uomo poiché intuivo che mi avrebbe amata come desideravo, avevo la percezione che con lui non avrei sprecato il mio tempo, che una vita vicino a lui forse non sarebbe stata facile, giammai però mediocre.

Finita la cena, tirò fuori dalla tasca della giacca un pacchetto di Gitanes. Era meraviglioso fumare insieme e gettare le nostre carte sul tavolo del destino, con la sensazione che stesse per iniziare una grande e difficile partita, *le grand jeu*, come lo chiamava lui. Al Restaurant Français lanciammo la pallina della roulette ed ebbero inizio i vertiginosi movimenti del destino. Già quella sera nell'aria vibrava il presagio dell'importanza che avremmo avuto l'uno per l'altra in futuro e di come le nostre vite si sarebbero fatalmente intrecciate. Avevo fiducia in questo azzardo e ricordo di aver detto a Roberto, verso la fine della cena, che avremmo trascorso insieme i prossimi trent'anni. Perlomeno da parte mia non c'era più nulla che mi trattenesse.

Non lo dicemmo, ma usciti dal Restaurant Français nell'aria risuonava l'incitamento: che il gioco cominci!

Quando quella notte arrivai nella camera della mansarda nella foresteria della Deutsche Bank e mi misi a letto, ero fuori di me dalla gioia. Il mio maglione sul pavimento tratteneva ancora l'odore delle Gitanes e il profumo Shalimar.

Il giorno dopo avevo appuntamento a colazione con Roberto all'Hessischer Hof. Mi raccontò di una lunga conversazione con Siegfried Unseld, allora editore della casa editrice Suhrkamp, durante la quale aveva sempre tenuto sulle ginocchia il velo di pizzo nero che avevo dimenticato nel taxi la sera prima. Che io, quando Roberto aveva tentato di baciarmi davanti all'ingresso della foresteria della Deutsche Bank mentre il tassista lo aspettava, avessi chiuso di colpo la porta dietro di me, aveva con grande probabilità acceso la sua passione. Questo suo tentativo era apparso ai miei occhi un piccolo assalto, un po' maldestro, ma lusinghiero. Credo anche che lui non si aspettasse alcuna resistenza. Il mio negarmi era stata pura civetteria e cos'altro è la civetteria se non strategia? Con l'istinto di una donna o di un generale (che è poi forse solo un'altra parola per dire donna), sapevo che con questa ritirata avrei aumentato il fascino che esercitavo su di lui. A quel tempo non avevo ancora capito che l'uomo è "una creatura frivola e indecente", come scrive Dostoevskij.

Dopo pranzo, ci incamminammo insieme verso la Fiera dove, alla scala mobile, ci salutammo. Durante il viaggio di ritorno in Italia, nella nostra Saab nera, non parlai quasi d'altro che dell'uomo che avevo appena conosciuto. Un turbinio di pensieri si agitava nella mia mente. Dalla notte prima sentivo la vita pulsare dentro di me con maggiore intensità. Avevo ancora davanti agli occhi con quanta amorevole naturalezza Roberto mi aveva dato il testo del suo libro *Ka* non ancora andato definitivamente in stampa, allo stand Adelphi, facendomi capire l'opinione che già aveva di me grazie alla dedica: *Ka-Katharina-Kasch*. Il passo immediatamente successivo fu propormi che fossi io a tradurre *Ka*. E infatti, qualche tempo dopo, in collaborazione con Marianne Schneider, iniziai a lavorare alla versione tedesca di questo lungo racconto sullo spirito e sugli dèi dell'India, che l'indologa Wendy Doniger ha definito il miglior libro mai scritto sulla mitologia indiana.

Risi al ricordo di come mia madre e io, congedandoci da lui, avevamo preso la scala mobile dirette al piano terra, mentre Roberto ci salutava con la mano, con un'aria leggermente sgomenta. Pensai alla cartolina (Maria e Giuseppe con Gesù Bambino in fuga verso l'Egitto) che gli avevo lasciato allo stand Adelphi quella mattina, prima che lui arrivasse. Ripercorrevo tutti i momenti trascorsi insieme. Più mi abbandonavo all'entusiasmo, più cresceva dentro di me l'impressione che la mia passione si fosse ormai riversata dalla testa al cuore. Pensiero e sentimento erano dominati da Roberto. Provavo un solo desiderio, quello di rivederlo al più presto, e cominciai a vivere nell'attesa di qualcosa di meraviglioso.

***

Tornata a Mornaga, raccontai del mio incontro alla Fiera del libro al mio patrigno, costretto a letto da una depressione, e gli mostrai una fotografia di Calasso riprodotta in un opuscolo Suhrkamp che avevo trovato in biblioteca. L'immagine in bianco e nero della sua testa ripresa di lato si impresse nella mia mente come il profilo di un fiorentino su una moneta rinascimentale. Non smettevo di guardare quel volto dalla fronte larga e insolitamente alta, le labbra sottili, l'espressione tesa di quegli occhi che rivelava un'intelligenza penetrante.

Quando una mattina, a Mornaga, fece la sua apparizione un corriere con un pacco pieno di libri Adelphi, mi sentii superiore al mondo che mi circondava. Fino a quel momento conoscevo solo il normale servizio postale. Che un corriere salisse le scale e venisse da me per consegnarmi un pacco di libri mi sembrò qualcosa di estremamente mondano. Mi parve che, con la comparsa del giovane corriere, la mia vita fosse mutata, anche se il mio grande cappello verde se ne stava di nuovo inutilizzato sull'attaccapanni e il mio vestito verde era tornato nell'armadio. Ancor più dell'apparizione del corriere, a riempirmi di un senso di superiorità fu però il contenuto del pacco: i libri al suo interno mi mettevano in contatto con lo spirito di Adelphi, che Calasso dirigeva dal 1971, anno della mia nascita. All'epoca non sapevo ancora nulla dei trentadue anni di storia della casa editrice, che in seguito ho imparato a conoscere gradualmente grazie a Roberto stesso.

"Ma com'era cominciato tutto?" domanda più volte Calasso all'inizio delle *Nozze di Cadmo e Armonia*. "Com'era cominciato tutto?" gli avrei domandato spesso anch'io, quando si parlava di Adelphi.

Per Roberto tutto cominciò a Bracciano, nella villa dello psicoanalista tedesco di famiglia ebraica Ernst Bernhard. Oltre a Federico Fellini, Giorgio Manganelli, Natalia Ginzburg, Cristina Campo e molti altri artisti, Bernhard aveva avuto in cura anche Roberto Bazlen, che Calasso nel suo libro *L'impronta dell'editore* definisce "l'uomo più religioso" e anche la persona meno bigotta che avesse mai incontrato.

Era il 30 maggio 1962 e Calasso compiva ventun anni. Fu proprio in quel giorno di inizio estate che Roberto sentì parlare per la prima volta della casa editrice che i due amici Luciano Foà e Roberto Bazlen avrebbero fondato a Milano nel giugno successivo. Roberto ammirava più di ogni altro il traduttore, critico, consulente e mediatore letterario Bazlen, nato a Trieste nel 1902, uomo di grande brillantezza e carisma al quale tutte queste descrizioni si applicavano solo in parte, poiché egli andava al di là di ogni definizione, era piuttosto "uno sciamano travestito in abiti borghesi" come tanti anni fa lo descrisse Roberto, salvo poi ritirare l'usato e abusato termine "sciamano", preferendo il seguente ritratto: Bazlen era la persona più veloce a cogliere il "dettaglio luminoso". A volte Calasso lo definiva anche un taoista. Una cosa è certa, però: nessuno nella vita di Roberto eguagliò questo amico. Sempre un passo avanti a tutti gli altri, semplicemente ne sapeva più di loro, anche perché oltre al tedesco, che era la sua lingua madre, padroneggiava l'inglese e il francese, ed era quindi in grado di leggere libri in tutte queste lingue e di valutarli. Con ardore divorante leggeva tutto ciò che lo attraeva, soprattutto libri che andavano oltre il razionale, libri che si avventuravano nella magia, nel misticismo, nello spiritualismo e negli affascinanti abissi della psiche. Appunti di viaggio, memorie e libri incompiuti lo conquistavano tanto quanto gli scritti gnostici. Tra gli autori che introdusse nel catalogo Adelphi si contano nomi come quelli di Edmund Gosse, Filostrato, Gurdjieff, Georg Groddeck, John G. Neihardt o Strindberg. I suoi giudizi erano rapidi e spesso annichilenti. Per Roberto, Bazlen era una di quelle rare persone le cui parole rimangono impresse nella mente di chi le ascolta, non solo per quello che dicono, ma semplicemente per il timbro della voce, per il tono con cui lo dicono.

Questa amicizia è stata fonte di stimoli fondamentali per la biografia intellettuale dell'allora studente universitario alla Sapienza di Roma, mentre Roberto Bazlen non ebbe difficoltà a riconoscere in Roberto Calasso, di quasi quarant'anni più giovane, un animo spiritualmente affine. Bazlen, la cui dote più grande consisteva nel saper immediatamente cogliere la forza radiante di un libro, rappresentava per Roberto il più tagliente metro di giudizio con cui valutare la qualità letteraria, sebbene i due amici fin dall'inizio fossero unanimi nel condividere l'amore per alcuni scrittori come Baudelaire e Strindberg.

Dopo il loro primo incontro nell'appartamento della scrittrice Cristina Campo, i due appassionati lettori cominciarono a vedersi spesso, sempre alla ricerca di vecchie trattorie a Roma e fuori Roma, le bettole amate da Bazlen, quelle osterie un po' malandate i cui tavoli promettevano il paradiso non appena l'oste poggiava sopra una tovaglia di carta bianca una caraffa di vino bianco, un cestino col pane e un piatto di formaggio. In *Bobi*, Roberto scrive di non aver mai imparato tanto come durante quelle gite improvvisate.

Uomo immensamente colto, per Bazlen, cresciuto negli anni di Rilke, Hofmannsthal e George, era chiaro, al momento della fondazione della casa editrice, che un'edizione critica completa delle opere di Nietzsche avrebbe dovuto aprire il programma, seguita da altri libri stampati presso la tipografia Mardersteig. L'editore Kurt Wolff, che ci aveva lavorato a lungo, in un saggio scrive: "Con noi c'era anche il mio amico Mardersteig, divenuto oggi il famoso stampatore dell'Officina Bodoni e della Stamperia Valdonega di Verona, che allora era l'uomo a cui Kurt Wolff Verlag doveva la cura e la raffinatezza del suo design librario". Che strana coincidenza che i libri di Adelphi fossero stampati nella tipografia dell'editore di Kafka, ossia lo scrittore che aveva già fatto una sua prima apparizione nell'infanzia di Roberto grazie a una certa signora Bloch, amica dei suoi genitori! Solo molto più tardi, dopo la pubblicazione delle lettere di Kafka, Roberto venne a sapere che quella donna era Grete Bloch, un'amante di Kafka che prima di essere deportata ad Auschwitz aveva affidato al marito della sua madrina una piccola valigia in cui erano racchiuse delle lettere di Kafka indirizzate a lei.

Tuttavia, molto più che l'edizione critica completa delle opere di Nietzsche, a Roberto Bazlen, scopritore di Italo Svevo – in una lettera a Eugenio Montale, Bazlen definì il romanzo *Senilità* "un vero *capolavoro*, e l'unico romanzo moderno che l'Italia abbia mai pubblicato (ed era il 1898!)" – e ammiratore di Kafka (Bazlen aveva parlato di Kafka all'amico Schiffrer già nel 1925, quando *Il processo, Il castello* e *Il disperso* non erano ancora stati pubblicati), stavano a cuore i libri che già da anni aveva scoperto e che in nessuna delle case editrici per cui lavorava come consulente, da Bompiani a Einaudi, era riuscito a "far passare". Fu così che, attraverso Bazlen, Kafka, Benn e Trakl arrivarono in Adelphi. In ogni caso, non importa da dove venissero le sue proposte, se dalle recensioni della "Nouvelle Revue Française" o dal programma del Kurt Wolff Verlag, per Bazlen l'unico criterio di giudizio per un libro era il piacere, il puro godimento.

Ma di che tipo di libri si trattava? Come esempi si possono citare *La vita di Milarepa* (un classico tibetano), un testo didattico sul teatro Nō di Zeami Motokiyo e *Cella d'isolamento* di Christopher Burney. All'epoca, Bazlen, che non riusciva ancora a vedere cosa legasse questi libri così diversi tra loro, parlava di "libri unici". E che cosa caratterizza un libro unico? Per Bazlen, che da un lato dedicava indubbiamente la maggior parte del suo tempo alla lettura, e dall'altro tuttavia nutriva una palese insofferenza nei confronti della parola scritta, il libro era solo un risultato secondario che presupponeva qualcos'altro, ovvero che all'autore una volta fosse accaduto qualcosa che lo aveva colpito nel profondo e che forse, ma non necessariamente, si era trasformato in stile. I libri unici erano quindi per lui anche libri che avevano rischiato di non diventare mai libri, il destino ideale, a suo avviso, per un testo. Il filosofo e poeta cinese Zhuang-zi, agli occhi di Calasso l'unico vero maestro di Bazlen, aveva sostenuto che un'opera perfetta è quella che dietro di sé non lascia traccia. In questo senso quindi non sorprende che l'unica opera compiuta di Roberto Bazlen, che si era lasciato alle spalle qualsivoglia idea convenzionale, sia stata Adelphi, come scrive Calasso in *Bobi*. E questa casa editrice fu da lui concepita come un luogo in cui, a parte i classici, potevano confluire, per esempio, anche solo frammenti di libri.

L'attrazione per le opere incompiute era una delle caratteristiche particolari della nuova casa editrice. Prototipo di libro unico era per esempio anche l'incompiuto *Il Monte Analogo* di René Daumal. Di questo libro Roberto fece una sorta di nave ammiraglia all'interno del catalogo. Un altro titolo che rivelò un ulteriore carattere peculiare della casa editrice, ossia l'amore per il fantastico, fu *L'altra parte* di Alfred Kubin, la cui apparizione all'inizio degli anni Sessanta, quando la maggior parte degli editori italiani pubblicava libri che cercavano in primo luogo di fornire risposte pragmatiche ai problemi economici e sociali dell'epoca e deridevano l'irrazionale e il fantastico, considerandoli sintomi della decadenza, risultò provocatoria. *L'altra parte* rappresentava però proprio il luogo in cui Adelphi intendeva collocarsi.

Ciò che fin dall'inizio unì i fondatori della casa editrice era la sicurezza del gusto, che, oltre al fiuto per la qualità letteraria, comprendeva anche una sensibilità tattile per la qualità della carta e l'eleganza tipografica. Questo infallibile istinto per il contenuto e la forma di un libro, che accomunava gli amici, era, come l'aver scovato la tipografia Mardersteig, una coincidenza vagamente miracolosa e alla fine trovò espressione nel nome della casa editrice, Adelphi, dal greco *adelphoi:* fratelli. Come emblema della casa editrice Claudio Rugafiori scelse il pittogramma cinese della luna nuova, che spesso si vede sui bronzi della dinastia Shang ed è emblema di una visione ciclica del mondo, fatta di morte e rinascita.

La prima sede della casa editrice si trovava nel cortile interno di una grande casa antica in via Morigi, a Milano. In quelle stanze si accumulavano sulle scrivanie i foglietti gialli, spesso scritti da Bazlen, con i nomi di scrittori e i titoli di libri che a poco a poco avrebbero costituito il programma di Adelphi. Qui visse per qualche tempo, in una mansarda, il giovane Claudio Rugafiori, che Bazlen al pari di Calasso definiva un mutante. E proprio in queste stanze fu realizzata, sotto la guida di un'altra coppia, Giorgio Colli e Mazzino Montinari, la pubblicazione dell'edizione critica completa delle opere di Nietzsche, asse portante del progetto editoriale adelphiano.

Il fatto che Bazlen fosse stato lo scopritore di Italo Svevo, che avesse introdotto e fatto conoscere in Italia Hermann Broch, Robert Musil e Bruno Schulz, che si fosse occupato di Kafka quando lo scrittore praghese era morto da appena un anno, ai miei occhi, da un punto di vista letterario, lo avvicinava a mio padre, nel cui cosmo intellettuale i nomi di questi scrittori brillavano come stelle.

Dell'insegnamento contadino di mia madre, secondo cui il possesso della terra è l'unico bene sensato perché comporta indipendenza e libertà, avevo sempre saputo fare buon uso, anche se conoscevo giorni pieni di una monotonia quasi eccentrica, soprattutto d'inverno, quando la mattina facevamo bagni nell'acqua fredda e per scaldarci lavoravamo in giardino indossando lunghe gonne di lana.

Fino ad allora avevamo fatto di tutto per non cadere preda della noia: avevamo ampliato e trasformato la casa e il fienile facendo in modo che si avvicinassero alle visioni architettoniche di mia madre, all'interno del grande giardino avevamo creato altri giardini, avevamo viaggiato per l'Italia e l'India, e superato le Alpi per raggiungere Monaco e Francoforte. Per un certo periodo, avevamo persino fatto venire regolarmente un vecchio maestro di cappella romano, che in cucina ci insegnava le canzoni popolari italiane, dato che mia madre, che non sa cantare, considera il canto una delle attività capaci di rendere felici. Tutto ciò sembrava scialbo, però, in confronto alle immagini che affiorarono nella mia mente dopo la telefonata in cui Roberto annunciava la sua visita a Mornaga.

Che Calasso non fosse solo un editore, ma anche uno scrittore, forniva molto materiale di conversazione in casa. Nei suoi libri mi imbattei in dure verità che a volte rispecchiavano la mia situazione di allora, come per esempio una frase letta in *Ka*, in cui si sostiene che colui che ama, ama soprattutto una figura assente, e che, nella gerarchia delle cose, l'assenza ha un rango superiore rispetto alla presenza, essendo quest'ultima solo un caso particolare di assenza, l'allucinazione di un certo grado di permanenza, cosa che non diminuisce in alcun modo il dolore.

Con l'apparente leggerezza di un auriga fortunato e audace che tiene le redini dei cavalli aggiogati al carro con una sola mano, Roberto esercitava con *désinvolture* le sue due professioni. Una cosa che non traspariva affatto era l'ossessione con cui si dedicava al lavoro, ma chiunque gli vivesse accanto sapeva che lavorava ai suoi libri e al programma editoriale di Adelphi con la tenacia di un tarlo che rosicchia la trave. "Il tempo che abbiamo a disposizione sulla terra non è abbastanza lungo per poterlo dedicare ad altro che a noi stessi" scrive Cioran citando un poeta. Questa frase coglie esattamente il modo di lavorare di Roberto, che dedicava la mattina alla scrittura, interrompendosi solamente per telefonate o incontri con la sua segretaria o la sua archivista, e il pomeriggio invece al lavoro in casa editrice. Per mantenere l'immagine del tarlo: non importa se sedesse alla scrivania del suo appartamento o a quella della casa editrice, Roberto era comunque di una penetrante precisione in tutto ciò a cui si dedicava.

Leggere "con la lente", come diceva lui, ossia con l'occhio del cacciatore di tesori e la matita in mano, aveva a tal punto affilato il suo sguardo che faceva correzioni anche in libri che non aveva né scritto né pubblicato. Correggere un errore di stampa per Roberto significava migliorare la vita, che a suo parere poteva essere colta solo nella parola scritta. Un errore di stampa racchiude in sé il potere di far saltare la concentrazione del lettore, di intaccare la perfezione di una pagina, di incrinare l'equilibrio di quella sottile felicità che la lettura porta con sé. Roberto andava alla ricerca di questi errori come fossero cimici, per poi correggerli con un'espressione di amarissima serietà. Neppure alla traduzione inadeguata di una parola, sia nei suoi testi, sia nei manoscritti e nei libri di altri, si è mai rassegnato. In questi casi assomigliava a una donna che ha perso un orecchino in camera sua e lo cerca sotto il letto, sotto il materasso o dietro l'armadio finché non lo ritrova. Una volta mi chiamò e mi chiese come avrei tradotto in italiano la parola *förmlich*, "essenzialmente", che Kafka usava così spesso. Insieme valutammo le possibili traduzioni, ma nessun corrispettivo italiano sembrava cogliere davvero il *förmlich* di Kafka. Da questa precisione rigorosa e spietata derivava l'attenzione estremamente vigile rivolta ai suoi stessi scritti.

I giorni che mi separavano dall'attimo del nostro nuovo incontro avevano in sé qualcosa del carico di tensione e attesa di quando Molière si preparava, con la sua compagnia, per lo spettacolo davanti al Re Sole. Svanirono nel battere tappeti e spolverare poltrone, lucidare pentole e specchi, passare l'aspirapolvere dappertutto e stirare la biancheria. Volevo che i mobili della casa, i quadri, le stoviglie e i libri, che pezzo dopo pezzo sembravano acquisire un nuovo splendore, parlassero per me.

Dato che il mio patrigno era andato per qualche giorno in Bassa Austria, da una sua cugina, di colpo l'atmosfera in casa era diventata meno tesa e nell'aria si era insinuato il sentore di un nuovo inizio.

L'assiduo pensiero rivolto a Roberto come un'incessante preghiera del cuore mi aveva preparato all'incontro imminente, dentro di me vissuto già innumerevoli volte, quando l'11 novembre salii sulla Saab nera con un completo bianco panna composto da una lunga gonna di lana e una giacca aderente, guanti beige e una vecchissima borsetta di pelle di serpente, e guidai lungo la strada deserta che costeggiava il lago fino a Gardone Riviera. Durante il viaggio novembrino ascoltai una registrazione di *Tristano e Isotta*: la musica pareva affiorare dal lago immerso nell'oscurità del pomeriggio, mentre i cipressi lungo la strada si stagliavano bui davanti all'acqua, simili a giganteschi monaci neri nel loro saio. Avevo la sensazione di avanzare sospesa nell'aria, tanto che il volante mi sembrava leggero, come fatto di carta.

Il bar di Gardone che avevo indicato come luogo d'incontro era chiuso. Tutto intorno era immerso in un assoluto silenzio e il mio tailleur brillava solitario nella via principale deserta, quando all'improvviso Roberto mi venne incontro col suo cappotto blu, nella cui fodera sembrava essersi conservato ancora qualcosa delle ore trascorse insieme a Francoforte, molto però anche della sua vita a Milano, di cui finora mi aveva raccontato poco. Con le scarse notizie in mio possesso riguardo a come vivesse mi ero formata un quadro fantastico della sua esistenza milanese. La via in cui abitava, il cui nome si impresse subito nella mia mente, si trovava nel centro della città, come una sorta di Rubicone che mai mi sarebbe stato permesso attraversare. Erroneamente immaginavo che il suo appartamento fosse lussuoso: specchi, soffitti alti, mobili antichi. In verità, le stanze all'ultimo piano dell'antico palazzo, un tempo destinate al personale di servizio, erano, e sono tuttora, piene soprattutto di librerie e scrivanie. Tra quelle pareti in cui regnava un'atmosfera quasi da ufficio, il collezionista bibliofilo aveva realizzato la sua tana di libri.

Nato il 30 maggio 1941 a Firenze da una famiglia in parte ebrea che apparteneva all'élite intellettuale dell'alta borghesia italiana, Roberto crebbe, in piena guerra, circondato da persone che plasmarono il suo gusto letterario. Sua madre Melisenda, figlia di Ernesto Codignola, fondatore della Scuola-Città Pestalozzi e della casa editrice Nuova Italia di Firenze, si era laureata con una tesi su un testo contenuto nei *Moralia* di Plutarco. Suo padre, un professore universitario antifascista di diritto medievale, salvato nel 1941 per intervento dell'ambasciatore tedesco Gerd Wolf dalla fucilazione a cui era stato condannato, insieme all'archeologo e storico dell'arte Ranuccio Bianchi Bandinelli e al geografo Renato Biasutti, dopo l'assassinio del filosofo Giovanni Gentile, vicino al fascismo, era noto anche per essere il rettore della facoltà di Giurisprudenza di Roma. L'eredità familiare, sia strettamente accademica sia artistica, esercitò un profondo influsso su Roberto, che tuttavia sviluppò molto presto un'assoluta indipendenza intellettuale dall'ambiente in cui viveva. Dopo la scuola, iniziò come d'uso gli studi universitari, anche se i suoi professori erano tutt'altro che figure usuali: lo scrittore, filosofo e storico delle religioni Elémire Zolla e Mario Praz.

"Ci salutammo" scrissi allora nel mio diario "come

due generali che non osano cadere l'uno tra le braccia dell'altro, anche se non si vedono da decenni." E mentre lui ancora parlava di come il professor Perfetti lo avesse guidato nella villa di D'Annunzio, il Vittoriale, immersa nella penombra, in una visita che Roberto forse non avrebbe mai fatto, se non gli fosse servita da pretesto per venire sul lago di Garda, cominciammo a ridere. Questo riso eruttivo, che entrambi non riuscivamo a trattenere, lo unì a me in modo particolare. Dopo sette anni di studio dei miti e delle religioni dell'India, culminato nella scrittura di *Ka*, Roberto era ancora pieno di storie sulle divinità indiane, soprattutto su Śiva e Satī, che scherzavano sempre molto, quando parlavano l'uno con l'altra.

Nelle scarpe marrone chiaro con i tacchi alti che avevo sottratto a mia madre, ma che, vista la forma, sarebbero potute anche venire dalla scarpiera di Marlene Dietrich, camminavo accanto a Roberto con un senso di orgoglio per il paesaggio in cui lui, grazie a me, era capitato.

Come una signora dalla propria villa, pretendevo dal lago e dal panorama circostante che impressionassero il mio visitatore. Del resto, io stessa consideravo il lago una quinta romantica che apparteneva alla mia fisionomia, così come Mornaga, ai piedi del Monte Castello.

Le parole che rivolgevo a Roberto servivano a ravvivare i colori dello sfondo davanti al quale vivevo (la mia vita), a far risaltare, grazie a pennellate dai toni luminosi, le cose belle, e a sfumare invece con nuances più chiare i contorni di quelle meno belle. Il mio era il lavoro di una colorista che dipingeva con il massimo puntiglio quel frammento di paesaggio dentro cui desideravo essere vista da Roberto.

Con i suoi grandi alberghi, le palme e le magnolie, le passeggiate dannunziane, le cascate e le ville, Gardone era un luogo mondano e decadente. Ma che effetto avrebbe fatto su Roberto la mia *Angria*? Mornaga non era una villa sulla riva del lago, né un castello che si specchia nell'acqua come quello di Arco. La volontà di mia madre, divenuta in venticinque anni sempre più forte, di trasformare l'umile casa di campagna nella sorella minore di una sorta di castello e il nostro lavoro quotidiano per far avverare i suoi sogni architettonici avevano messo sotto pressione non solo i suoi tre mariti, ma persino me. Io vedevo Mornaga così come era allora, ossia una cascina dotata di un grande appezzamento di terreno, nel pieno di una metamorfosi che la stava trasformando in una specie di *haveli*, una di quelle dimore sontuose come palazzi dei mercanti giramondo musulmani nel Nord dell'India, in cui, sotto la supervisione di mia madre, erano stati costruiti una veranda con affreschi copiati da Dosso Dossi, un salotto rosso melograno, una torre e una camera da letto con un cielo pieno di nuvole dipinto sul soffitto. Tuttavia, mi ero imposta di presentare la casa agli altri come ciò che non era: un piccolo castello.

Sullo sfondo di Gardone, Fasano o Salò, la mia figura si stagliava con decisa eleganza, ma l'immagine che Roberto si stava forse facendo di me non si sarebbe incrinata nel momento in cui, prima di arrivare a Bogliaco, lui avesse lasciato la strada che costeggiava il lago, che a quel punto sarebbe scomparso dal suo specchietto retrovisore, e davanti gli si fosse aperto il paesaggio all'ombra del Monte Castello? Fino a poco tempo addietro era una terra abitata e coltivata da contadini, che nelle piovose giornate di aprile faceva pensare alle piantagioni di tè dei monti Nilgiri, mentre nelle roventi giornate estive ricordava la Sicilia. La strada che conduceva a Mornaga, metro dopo metro, l'avrebbe costretto a lasciarsi alle spalle l'aura dei magnifici alberghi in riva al lago per condurlo in un mondo rurale in leggera pendenza, punteggiato di uliveti, in cui un tempo risuonavano i rumori provenienti dalle stalle, il belare delle pecore, il chiocciare delle galline, le bestemmie dei contadini e il canto delle contadine. Ora questo paesaggio si stava trasformando in un'oasi per il fitness, poiché il terzo campo da golf più antico d'Italia, situato sotto la mia proprietà, attirava sportivi pensionati dal Nord e dal Sud.

Quella sera, mi vedo ancora precederlo spinta dall'incoscienza e arrivare all'Hotel Laurin, a Salò, dove la sua segretaria di allora, Laura, aveva prenotato la stanza numero 1. Questo albergo, con i suoi pavimenti in parquet e le alte finestre, era un mondo opposto a quello di Mornaga. Tutto ciò che allora desideravo: champagne, scenari e panorami viscontiani, il Laurin mi sembrava in grado di offrirlo. Qualche anno prima, un mio corteggiatore tedesco aveva portato a cena qui il mio patrigno, mia madre e me, a riprova di quanto conoscesse il mondo e disponesse di un ben nutrito conto in banca. Salire insieme a Roberto gli ampi gradini di questo edificio mi colmò di trionfo.

Poiché quella sera nella grande sala da pranzo al piano terra c'era un banchetto di nozze, seguii immediatamente Roberto nella sua stanza, che ricordo piccola e di color rosa antico. Probabilmente, per mostrargli che fuori dalla finestra si stendeva il *mio* lago, la spalancai e mi sdraiai sul letto con una sigaretta.

Che nemmeno per un attimo uno di noi avesse provato indifferenza per l'altro era fuor di dubbio, tuttavia fumammo un paio di Gitanes senza avvicinarci, senza ritrovare la formula di quell'intimità che avevamo già creato tra noi a Francoforte.

A quel tempo, Roberto era ancora lontano dall'aver scritto il suo libro su Kafka, *K.*, in cui a proposito dei personaggi femminili kafkiani si legge che l'intimità sessuale sarebbe solo una conseguenza di una pregressa intimità psichica, come se ciascuna di queste figure abitasse da sempre una nicchia nella mente di K. e Josef K.

Roberto ordinò in camera due Milano Torino, prima di incamminarci in una Salò deserta, tra le cui antiche facciate avanzavo come fossero parte delle mura esterne della mia esistenza. Quante centinaia di volte nella mia vita avevo percorso via Gasparo da Salò che, come un'urna le ceneri delle ossa, custodiva le innumerevoli sensazioni via via provate con il passare degli anni!

È ben possibile che per strada non incontrammo nessuno, prima di entrare nel Caffè Vassalli, che dietro le grandi vetrate conservava ancora lo spirito degli anni Ottanta. Era il caffè delle signore benestanti con cagnolino. Ordinammo un secondo Milano Torino e Roberto osservò: «Mi sento già come un abitante di Salò!».

Da sostenitrice del lago di Garda, nel corso degli anni avevo ormai a mia disposizione un paio di storie di sicuro effetto da raccontare a chiunque venisse a trovarci. Ciò di cui preferivo parlare era l'epoca dell'imperatore Francesco Giuseppe I, quando i turisti viaggiavano in piroscafo da Riva a Gardone, allora un luogo di cura invernale, con la servitù, le casse di vestiti e i pianoforti; raccontavo di come nelle notti dei mesi freddi ardessero fuochi e torce nelle limonaie per mantenere alta la temperatura, e non tralasciavo mai di menzionare Vladimir Nabokov, che proprio qui era andato a caccia di farfalle.

Quando nominai l'orto botanico di Gardone, che nel frattempo era diventato proprietà di André Heller, di cui il mio patrigno Thomas Ross aveva tracciato un ritratto beffardo sulla "Frankfurter Allgemeine Zeitung", Roberto mi raccontò che da giovane, a Roma, una volta era stato nello studio dentistico del fondatore dell'orto botanico, Arthur Hruska. Dalla finestra di quello studio si godeva una vista su Piazza di Spagna assolutamente mozzafiato, di una bellezza a tal punto incompatibile con i dolori che era stato costretto a sopportare immobile sulla sedia del dentista, che in seguito aveva evitato di tornarci. Con un'espressione esitante e vagamente scettica negli occhi, Roberto accennò anche che nel frattempo si era fatto spedire i libri di mio padre. Provando una stilettata al cuore ricavai dalle sue parole il giudizio che mio padre era stato forse un buono scrittore, ma non grande. Probabilmente per Calasso, che aveva occhi solo per la letteratura "assoluta", questa scoperta fu altrettanto deludente che per me. Per un attimo vidi, in un colpo solo, leggermente ridimensionato l'orgoglio che provavo per il mio amato padre, un uomo che aveva in comune con Roberto l'amore per le analogie e le corrispondenze. Quando, con il suo entusiasmo infantile, sostenuto dall'euforia, parlava di musicisti come Joseph Haydn o Franz Schubert, mio padre sviluppava una rete di relazioni capace di legare la musica alla letteratura e alle arti visive. Così come la reazione di Calasso alla mia proposta di uccidere un'anatra in suo onore aveva influito sul mio modo di vedere le cose, anche il suo giudizio sui libri di mio padre cambiò il mio sguardo sulla letteratura.

Il tentativo di spiegare che cosa sia la *letteratura assoluta* è destinato a fallire tanto quanto il tentativo di definire Dio. Il critico che possedesse il dono di indicare con chiarezza la natura della *letteratura assoluta* sarebbe in grado anche di "scomporre un arcobaleno", come diceva John Keats. Una spiegazione è possibile solo attraverso allusioni, poiché la forza della *letteratura assoluta* risiede proprio nel sottrarsi alle spiegazioni. Così come di fronte a un tramonto, un ramo di ciliegio, o un trio di Schubert, un miscredente percepisce il vibrare di qualcosa di eterno, anche la *letteratura assoluta* emana eternità. La sua caratteristica principale è forse la musica e la luce. La *letteratura assoluta*, secondo Roberto, ci conduce il più vicino possibile al luogo in cui sgorga la parola.

Che si tratti di Proust o di Baudelaire, di Hofmannsthal o di Benn, di Valéry o di Auden, di Brodskij o di Mandel'štam, di Yeats o di Montale, di Borges o di Kafka, tutti questi autori appartengono al club di coloro "che non si iscriverebbero mai a un club che li accettasse come membri". È un circolo composto dagli affiliati alla Comunità dei santi di cui parla Proust, che per "letteratura" intendono l'unico paesaggio in cui hanno la percezione di essere vivi. Ciò che accomuna i poeti e gli scrittori citati è proprio il dono di riconoscere nella realtà il riverbero di quell'altro mondo e lo sforzo di catturarne il riflesso fugace. La letteratura di cui parlano la si riconosce non tanto per la sua conformità a una teoria quanto per *una certa vibrazione* o *luminescenza del-*

la frase. Forse la *letteratura assoluta* si lascia descrivere come quel genere di letteratura che riesce a superare la linea di demarcazione tra il visibile e l'invisibile. Lo stesso Calasso, secondo il quale l'età eroica della *letteratura assoluta* è iniziata nel 1798 con la rivista "Athenaeum" e si è conclusa nel 1898 con la morte di Mallarmé – giusto un secolo, in cui sono emersi tutti i suoi tratti distintivi –, non l'ha definita, poiché sapeva che sarebbe stato insolente. Tentare di darle un nome preciso, infatti, significherebbe già sminuirla. Roberto tuttavia le girava attorno, come prima di mettersi al lavoro girava attorno alla sua scrivania recitando le parole "introibo ad altare dei", ossia praticava la *pradakṣiṇā* (*circumambulatio*), l'aggiramento degli altari indù e di quelli greci, e come girava intorno a tutto ciò di cui si occupava. La rivelazione attraverso la Scrittura: questo elemento dell'ebraismo non è mai stato menzionato esplicitamente da Calasso, ma di certo ha avuto nella sua opera un ruolo da non sottovalutare. Borges racconta della devozione dei cabalisti alla parola scritta e alle lettere dell'alfabeto, della mistica della scrittura che riconosce in ogni virgola un riferimento alla volontà nascosta di Dio e considera la scrittura stessa una sorta di intermediario tra cielo e terra. Forse Calasso faceva parte degli scrittori che hanno proseguito sulla strada della mistica ebraica, se non in una forma secolarizzata, comunque in un modo tutto suo.

Durante la nostra conversazione notai al tavolo vicino l'anziana proprietaria del negozio di cappelli Borsalino, che probabilmente stava già dietro il banco quando Mussolini passeggiava per Salò con Claretta Petacci.

Tornati in albergo prendemmo posto nella sala da

pranzo più piccola, mentre fuori cadeva una leggera pioggia, e cenammo, entrambi un poco in imbarazzo. Io ordinai un pesce di lago che si chiama tinca e Tinka è anche il mio nomignolo.

Quando salii in camera alla ricerca delle sigarette, Roberto, che aveva preso l'ascensore, mi raggiunse mentre ero ancora davanti alla porta. «Mi mancavi» disse entrando in camera dopo di me.

Prima della mezzanotte, mentre dalla sala al piano terra la musica saliva fino a noi, elencai le cose più importanti che mi erano accadute nell'anno passato e chiesi a Roberto come lui avesse festeggiato il suo ventiquattresimo compleanno. «Sono vecchia adesso?» gli domandai e lui, con mio orrore, rispose che sì, in effetti del tutto giovane non lo ero più.

A mezzanotte in punto, due camerieri portarono lo champagne. La stanza si riempì di quell'aria di compleanno che amavo fin dall'infanzia e sapeva di carta da regalo stropicciata, foglie d'autunno, una bottiglia di champagne appena stappata e fiamma di candele. Roberto estrasse dalla sua borsa marrone chiaro un pacchetto che conteneva una scatola verde della gioielleria Pennisi: dentro c'era un paio di antichi orecchini d'oro indiani. Ben sapendo che lui avrebbe trovato quel gesto incantevole, mi misi davanti allo specchio e li indossai.

Verso le tre del mattino lasciai l'albergo, ma la mia macchina non partiva. Tornai da Roberto. Lui mi aiutò a rimetterla in moto e poi mi seguì nella nebbia fino a Mornaga, senza rendersi conto che, dopo la Gardesana, il lago era scomparso dallo specchietto retrovisore, e la mia *Angria* si trovava sopra una valle un tempo prosciugata dagli Etruschi.

Come una giovane figlia di re che di notte conduce un ospite segreto nel suo regno, guidai Roberto nella casa fredda e silenziosa. Sussurrando, attraversammo il salotto rosso fino alla veranda blu, seguiti dal mio cane Gogol e dal gatto Zizu, e scendemmo in giardino per raggiungere il fienile, di cui aprii la porta ignara che un giorno avrei cresciuto lì i nostri figli. Poi lo condussi di nuovo in casa, nella biblioteca sotto il tetto e infine nella mia stanza dipinta di verde con il piccolo camino di marmo bianco, la libreria che occupa tutta una parete e il letto di noce a forma di barcaccia, sormontato da un baldacchino bianco. Le due poltrone davanti al camino e la mia scrivania liberty rendevano la stanza un piccolo mondo, indipendente dal resto della casa, un mondo in cui si potevano consumare leggeri pasti davanti al fuoco, dormire, leggere e scrivere. Roberto si innamorò immediatamente di questa stanza. Ero riuscita nel mio intento: poco prima dell'alba, lui se ne andò portando con sé di Mornaga l'impressione che io avevo preteso facessero le sue stanze e i suoi mobili.

Al mattino, nulla poteva più trattenermi a letto. In preda al desiderio di offrire il meglio al mio ospite, nelle ore che precedettero l'arrivo di Roberto tirai fuori le posate d'argento, portai i ceppi dal pagliaio in cucina e aiutai mia madre ai fornelli. Camminavo avanti e indietro per le stanze, come se stessi passando da una scenografia all'altra, e lasciavo spalancate le porte per creare qualcosa di simile a un'infilata di scorci alla Vermeer.

Quel mattino, alle undici e mezza, Calasso arrivò nel cortile di casa con la sua Lancia argentata dagli ampi sedili blu. Il rumore prodotto dal motore dell'auto scosse tutta la mia persona, come è probabile sia accaduto a Madame du Deffand con quello delle ruote della carrozza, quando Horace Walpole le fece visita a Parigi. Al pari di un colpo di tamburo, mi strappò dalle quinte del mio sogno per portarmi sul palcoscenico della realtà.

Mia madre scese di corsa le scale, seguita dall'orlo della sua gonna, per ricevere Roberto in cortile, mentre io lanciavo un ultimo sguardo nello specchio accanto alla porta della cucina.

Insieme all'ospite del compleanno nella nostra solitudine novembrina fece irruzione qualcosa di cosmopolita. Un soffio di Milano e un sentore d'olio di sandalo entrarono in casa con lui.

In cucina, sul lungo tavolo antico apparecchiato con una tovaglia blu, spiccavano tre piatti e tre tazze, tra i quali mia madre aveva sistemato i pacchetti dei regali e un vaso di ortensie sfiorite.

Il lumino da tè nello scaldino di rame, la teiera d'argento, gli orsetti gommosi e il tremolio della fiamma delle candele: tutto ciò ricomponeva l'atmosfera dei compleanni della mia infanzia, dai quali di anno in anno mi allontanavo, ma che, al tempo stesso, poiché mia madre e io ogni novembre ricreavamo quell'evento eccezionale dal profumo di torta di mele, riuscivo sempre a rivivere senza mai recidere il legame con l'infanzia. Solo il dodici di novembre si percepiva in tutta la casa che il giorno della mia nascita mi imponeva di essere felice. Mentre bevevamo una tazza di tè nero dopo l'altra, Calasso mi disse che conosceva già come in sogno la strada per Mornaga, che a Salò non si sentiva affatto estraneo e che a Gargnano una signora gli aveva rivolto la parola chiedendogli se era del paese.

Aprii i miei regali, una vestaglia rossa e delle pantofole rosse, mentre mia madre raccontava i suoi ricordi leggendari di scrittori ungheresi, i suoi incontri con Elias Canetti e Giorgio Manganelli, arrivando infine a parlare del tentativo di suicidio del mio patrigno. Sentii allora affiorare un senso di vergogna per il tragico incidente, che avrebbe forse potuto gettare una luce sinistra sulla nostra nascente storia d'amore, e di cui non avevo ancora raccontato nulla a Roberto. Mantenni un'espressione calma, ma portai la conversazione su un altro tema.

Dopo la lunga prima colazione, Roberto si ritirò nella mia stanza. Per un attimo si addormentò accanto a me, nel mio letto stretto, svegliandosi però subito dopo per continuare a chiacchierare. Mi stava a cuore mostrargli il mio diario d'infanzia che, con i suoi disegni e le annotazioni dettagliate, avrebbe fatto scorrere davanti ai suoi occhi la mia vita passata.

Dopo un po' uscimmo a fare una passeggiata. La passeggiata di compleanno faceva parte del rituale che precedeva la cena festiva.

Seguiti da Gogol, attraversammo la siepe di bosso, salimmo lentamente i gradini della limonaia e ci incamminammo sul sentiero che sovrasta il nostro terreno, tra cespugli e cardi, costeggiando un rudere, delle fonti e un pascolo recintato per i cavalli. Come William Gilpin, anch'io consideravo un paesaggio selvaggio la scenografia perfetta per l'inizio di un amore. Che il mio giardino mutasse in bosco credo piacesse a Roberto. I primi boschi che aveva visto nella sua infanzia (all'inizio degli anni Quaranta, quando i suoi genitori vivevano da sfollati in una villa vicino a Firenze) erano macchie chiamate "bosconi" al di là della valle di San Domenico. Si narrava che fossero abitate da cannibali. Ogni giorno, dalla terrazza della villa ricoperta di glicine, il piccolo Roberto osservava se nella fitta vegetazione si muovesse qualcosa, se dall'ombra del bosco uscisse un cannibale. Quel bosco, comprese più tardi, era la prima immagine della foresta del sapere segreto, l'*aranya*, descritta nei Veda. Era l'esatto contrario della rettangolare geometria del giardino in cui giocava. L'esoterico è la foresta, si legge in *Ka*, il luogo di una conoscenza segreta, iniziatica. Il fatto che le storie del *Mahābhārata* abbiano inizio in una foresta non era un caso agli occhi di Roberto. Anche i dialoghi dei *Purana* si svolgono in una foresta, luogo d'elezione per le dottrine segrete. Sempre in *Ka*, Roberto dice che nella foresta chi pensa è abbandonato a sé stesso ed è lì che si raggiunge il fondo diversamente velato dal brusio umano, si torna ad assomigliare all'animale selvaggio, massima approssimazione al puro pensiero. Il bosco compare più volte nei libri di Calasso. Nella *Folie Baudelaire* si dice sia l'inconscio, la nostra mente densa, labirintica e popolata da strane presenze, il luogo interiore dell'incontro con l'invisibile, che forma la trama segreta dell'esistente. Il bosco rappresenta ciò che per Calasso era il cuore del suo pensiero.

Attraversammo un campo di fragole, e scendendo da un'altura raggiungemmo la fine del campo da golf, poi risalimmo la collina che lo fiancheggiava e arrivammo infine a un alto e moderno cancello di ferro, dietro il quale si apriva un querceto che mia madre chiamava "bosco incantato", poiché le ricordava i boschi di querce del pittore Art Nouveau Peler.

Gogol si mise a guaire quando vide Roberto e me scavalcare la recinzione. «Troverà da solo la strada del ritorno» dissi, anche se mi dispiaceva abbandonare il cane che uggiolava. Calasso si rifiutò di lasciarlo solo, così sollevammo insieme il pesante pastore maremmano oltre gli spuntoni aguzzi della recinzione. A Gogol, tra l'altro, il mio patrigno aveva dedicato un ritratto pubblicato sulla "Frankfurter Allgemeine Zeitung". Scodinzolando, il cane si mise a correre precedendoci nel silenzio del bosco deserto. L'orlo del cappotto di Calasso e quello della mia gonna continuavano a impigliarsi nei rami degli arbusti selvatici.

Quando raggiungemmo un prato da cui si scendeva a precipizio verso il lago, il Monte Baldo, il cielo e il lago erano di un unico colore, un grigio nebbia che una volta usciti dal bosco si era trasformato in tenebra.

Anche se inizia con allegria, ogni amore è una faccenda seria. «Qual è il tuo stato d'animo? Come ti senti? Malinconica? Non ci sarebbe niente di male!» disse Calasso quando dalla Valle degli Etruschi scorgemmo le case di Mornaga. «Siamo noi, lassù?» domandò.

Tornati dalla nostra passeggiata, nella cucina che sapeva di anatra arrosto incontrammo Susanne Kienlechner, la figlia della traduttrice Toni Kienlechner, che Roberto aveva conosciuto a Roma insieme a Ingeborg Bachmann.

La signora Kienlechner si indignò quando Calasso spiegò che voleva andare a Salò a comprare champagne. «Si beve il vino della casa!» lo riprese, senza sapere che, durante la nostra prima cena al Restaurant Français, Roberto mi aveva già confessato che per lui non c'era niente di peggio del prosecco.

Quando lui si diresse alla volta di Salò, e la signora Kienlechner prese congedo, mia madre e io tirammo fuori dagli armadi le nostre gonne più belle. Lei si avvolse intorno alla testa un velo di pizzo nero e infilò una rosa bianca dietro l'orecchio. Io misi al collo la collana con una scintillante croce di strass, un regalo di compleanno, e indossai i nuovi orecchini indiani.

Non avevamo ancora finito di farci belle e Roberto era già tornato dal Caffè Vassalli con una scatola di bottiglie di champagne e una torta. Al Vassalli, raccontò, lo conoscevano già e lo aveva servito la proprietaria in persona! «Strano» disse, «per tutta la vita ho evitato questo lago, era sempre e solo il mare ad attrarmi. Associavo i laghi a qualcosa di torbido.» Solo sul Lago Maggiore, dove sua moglie aveva vissuto da ragazza nella villa della nonna, era stato più volte.

Nella veranda blu il fuoco bruciava nella stufa. Corolle di rose bianche sporgevano sul tavolo verde dal bordo di un vaso Biedermeier. Come in una commedia di Čechov, seduti intorno alla stufa, aprimmo la prima bottiglia di champagne e cercammo di scoprire se fosse mai possibile che mia madre nel 1968 o nel 1969 avesse incontrato Roberto a Villa Massimo.

Osservata dall'esterno, attraverso le finestre della veranda, la scena doveva apparire surreale: due donne bionde con gonne lunghe fino a terra intente a servire un'anatra *à l'orange* a un editore innamorato perso.

Calasso ebbe senza dubbio la sensazione di essere finito in un luogo assolutamente bizzarro e tuttavia a lui congeniale. Sotto l'effetto del Bollinger ghiacciato, mia madre per sbaglio lo chiamò Colasso e gli descrisse nei dettagli la nostra solitudine in campagna, di cui io non avevo voluto lasciar trapelare nulla. Nella vita la solitudine può essere la cosa più snob, a volte però anche la più imbarazzante. Quando mia madre, con un tono di voce che voleva suscitare pietà, esclamò: «Siamo spesso davvero tristi, e quando qualcuno viene a trovarci...», io la interruppi dicendo: «Sì, noi siamo sempre tristi quando qualcuno viene a trovarci!».

A parte questo piccolo episodio, quella sera nessuno dei nostri gesti fu dettato dalla cortesia, ma solo da sincero entusiasmo.

Allora avevo l'abitudine di leggere poesie o racconti durante o dopo il pasto, a volte anche le "ballate" che scrivevo per mia madre. Roberto, già colpito dal mio diario, fu entusiasta anche di queste poesie occasionali che, al pari dell'anatra *à l'orange*, il fuoco nella stufa e la Dafne dipinta sulla parete blu, facevano parte del repertorio di una festa ben riuscita.

A un certo punto, a tarda sera, scesi in cantina con Roberto per mostrargli i cestini per la carta decorati con riproduzioni di motivi di Grünewald e Ingres che mia madre aveva fatto insieme a una signora, senza dubbio dedita all'alcol, del paese vicino. Il suo progetto era di arricchire grazie a quei suoi stravaganti modelli l'offerta del mercato dei cestini, povero di begli oggetti – un tentativo, fallito, di aumentare le entrate, progetto che Calasso avrebbe dovuto salvare, nell'ingenua supposizione di mia madre che un uomo come lui avrebbe chiamato i suoi amici a Milano, Parigi e Londra per appioppare loro cestini per la carta.

Un'altra usanza a Mornaga era il ballo, più precisamente il tango, che né io né mia madre padroneggiavamo. Alzarsi all'improvviso, dopo cena, mettere un cd di tango nell'impianto stereo e proporre all'ospite maschile di danzare ci sembrava di un romanticismo estremo. Calasso fu molto lieto che io lo invitassi a ballare, ma poi dal canto suo non interruppe la danza per invitare mia madre, che ci rimase male e decise di lasciare subito la veranda e andare a letto. Credo ritenesse le attenzioni che Roberto mi aveva mostrato per tutta la sera un comportamento privo di tatto.

E noi? Anche noi salimmo i gradini del freddo vano scala che portava al primo piano e ci chiudemmo in camera mia. «Qui mi sento russo» spiegò.

Leggermente ubriaca, inebriata dall'atmosfera festosa che aveva pervaso la casa dal mattino alla sera, mi assopii accanto a Roberto e sentii la sua voce sussurrarmi all'orecchio due parole che colpirono il mio udito come sottili scosse elettriche. Mai prima e mai dopo in vita mia queste parole hanno fatto così vibrare i miei nervi lungo la spina dorsale. Mai prima e mai dopo queste parole eterne hanno avuto un peso così fatale, perché per l'uomo c'è un'unica cosa che compensa la vita: un amore felice, come dice Proust.

Prima che Roberto mi lasciasse nel cuore della notte, lo portai sulla terrazza davanti alla mia camera, come se anche questo facesse parte della messa in scena in cui era finito.

«Allora è così: nel cuore della notte attiri i tuoi ammiratori in terrazza, e poi quei mascalzoni li butti giù dal parapetto, e la mattina dopo Pierina, la donna delle pulizie, viene e spazza via quei noiosi!» osservò Roberto mentre si infilava il cappotto. Io però sentivo già nel petto un'ansia che conoscevo bene. Fin da bambina mi era familiare la sensazione opprimente dell'addio. Quante domeniche della mia infanzia mio padre mi aveva accompagnata fino all'ingresso dell'appartamento di mia madre e poi se n'era andato da solo alla stazione per tornare a Monaco, dove viveva con la sua nuova famiglia! Dopo addii così, per ore e ore si ha la sensazione di aver sbagliato tutto, di dover rimediare a tutto. Ma: cosa c'era da rimediare?

La mattina dopo mia madre e io, sedute accanto al camino, sulle ciglia ancora il mascara del giorno prima, discutemmo nei dettagli quello che era successo la sera precedente. Intanto bevevamo Earl Grey bollente, ascoltavamo Billie Holiday, ci occupavamo della visita di un mio corteggiatore che aveva una fabbrica di jeans e come dono per il compleanno mi aveva portato un rotolo di velluto nero. Ancora immersa nell'atmosfera della festa, non vedevo l'ora di liberarmi del produttore di jeans e di ricevere una telefonata da Roberto.

Il telefono nero di bachelite, che stava sulla scrivania di mia madre come un enorme scarabeo, squillò alle undici. Calasso mi domandò in quale stanza mi trovavo in quel momento e se ricordassi le parole che mi aveva detto la sera prima. «Alla luce del giorno, ho capito che quello che ti ho detto è vero. E ogni volta che ci incontriamo, nel mondo accadono cambiamenti titanici! È successo qualcosa che riguarda entrambi, ma soprattutto te: Plutone sta entrando in Sagittario. È l'inizio di una nuova era, un futuro dorato per lo Scorpione» mi disse leggendo da un giornale, poi aggiunse: «Sono tornato felice a Milano. A proposito, rendere felici è un tuo particolare dono».

***

Che la nostra storia d'amore si sarebbe svolta sotto la stella del viaggio, era nell'aria fin dall'inizio. A me, tuttavia, non interessava tanto vedere il mondo, quanto vederlo accanto a Roberto, un uomo di una stoffa particolare. Ma qual era la sua natura? Se fosse dato di elencare i componenti spirituali di una persona come si fa con gli ingredienti di una pastiglia, sarebbe possibile ricavare la materia di cui è fatto uno scrittore come Calasso dai libri che ha letto. Nel corso dei decenni, le sue letture si erano depositate in lui come strati geologici, dai miti dei greci alle tavole mesopotamiche del destino, da Giordano Bruno a Baudelaire, da Swedenborg a Stirner, da Pascal a Proust. Fin da giovane aveva orientato la sua curiosità letteraria in tutte le direzioni, instancabilmente alla ricerca di qualcosa che era possibile trovare nell'Antico Testamento come in una lettera di Keats. Questo qualcosa si nascondeva dentro frasi incandescenti che celano una verità, in frammenti di frasi, a volte anche in una sola parola. Si nascondeva dietro ogni sorta di nome: Dio, Prajāpati, Ka, l'ignoto, il divino, sogno, forma, epifania.

Viaggiare! Quando penso a Roberto, vedo davanti ai miei occhi l'immagine del giovane orientalista francese Anquetil-Duperron, la cui appassionata partenza alla volta dell'India Calasso ha descritto in un articolo. Anquetil, che per diverso tempo aveva studiato l'ebraico e le lingue classiche alla Sorbona, trovò più tardi un impiego alla Biblioteca Reale, dove gli capitarono fra le mani testimonianze non ancora decifrate delle scritture sacre degli zoroastriani, e nel 1745, al fine di acquisire le conoscenze necessarie per la comprensione di quei testi, si arruolò come soldato nell'equipaggio di una nave diretta in India. Il governo gli affidò presto un incarico scientifico, così che, svincolato da obblighi militari, Anquetil poté viaggiare in qualità di studioso. Quando di recente ho ritrovato l'articolo, ho avuto subito l'impressione che si trattasse di un autoritratto segreto di Roberto da giovane: un avventuriero che, pieno di curiosità e coraggio, come Anquetil-Duperron si mette in viaggio alla volta dell'ignoto. La *Wanderlust* letteraria di Calasso, che lo spinse a penetrare nella folta giungla dei miti, era la mania di un uomo che, prima della fine della sua vita, vuole trovare *la* fonte originaria da cui sono emersi tutti gli dèi, i miti e le scuole di pensiero. Sì, a posteriori Roberto appare ai miei occhi come un uomo che ha viaggiato attraverso i libri, che leggeva i Veda, i testi dell'antichità classica, l'Antico e il Nuovo Testamento, la letteratura francese, tedesca, italiana, inglese o spagnola come se stesse avanzando in un bosco, certo di imbattersi in un tesoro durante la sua sistematica perlustrazione. Proprio come era accaduto a Sir John Marshall, che nel 1922, insieme ai suoi archeologi, nella ritrovata Mohenjo-daro si imbatté nel busto del re-sacerdote, uno dei pochi reperti che rivelano ai posteri qualcosa sulla cultura dell'Indo. Con Cioran Calasso aveva in comune la convinzione che, nell'ambito dell'arte e del pensiero, tutto ciò che non si trasforma in uno zelo vagamente perverso rimane superficiale e quindi irreale.

Nel 1995, verso la fine di novembre, sedevo in attesa di Roberto all'aeroporto di Linate, avvolta in una vecchia pelliccia siberiana ereditata dalla mia amica Lis. Tra le mani tenevo il libro *La carne, la morte e il diavolo nella letteratura romantica* di Mario Praz. Allora non sapevo ancora che Roberto si era laureato con Praz, scrivendo una tesi sui geroglifici nell'opera di Sir Thomas Browne. Del suo professore, Calasso parlava solo raramente e a voce bassa, siccome a Roma è diffusa la superstizione che proibisce di pronunciare ad alta voce il nome di questo studioso poiché è considerato il diavolo. Una volta, Roberto mi raccontò di non aver mai partecipato alle lezioni del suo professore e, alla fine, di avergli solo consegnato la tesi.

Anche se nel frattempo avevo ormai individuato gli ostacoli all'apparenza insormontabili alla nostra relazione, continuavo ostinatamente a percorrere la strada che avevo imboccato al Restaurant Français di Francoforte, sostenuta dalla netta sensazione che per me non esisteva altra via.

Entrambi un poco in imbarazzo, per un lungo lasso di tempo non ritrovammo le parole, fino all'atterraggio all'aeroporto di Londra.

Il percorso in taxi da Heathrow al centro città mi sembrò eccitante almeno quanto scendere davanti al Berkeley Hotel. Quel giorno il cielo era di un azzurro luminoso, e nelle strade brillava una luce primaverile.

«Vorrei che nevicasse» dissi seguendo Roberto nella stanza d'albergo.

«Nevicherà» mi rispose.

Mi innamorai di quella stanza così come mi sarei innamorata di tutto ciò che faceva parte del mondo di Roberto, dal suo dentifricio Forhans fino ai libri che leggeva. Lì, nella stanza numero 314, che Roberto sosteneva essere il numero della perfezione, per quattro giorni avrei conosciuto la felicità.

Bisogna essere Casanova per giungere alla falsa conclusione che denaro e amore sono la stessa cosa? Per me quella stanza, come quasi tutte le camere d'albergo in cui avremmo alloggiato, era un paradiso, un "paradiso erotico", come la minuscola stanza di Pepi, Henriette ed Emilie nel *Castello* di Kafka, fondata sul segreto al modo degli antichi Misteri, si legge in *K.* E come la stanzetta delle cameriere, piena di nastri e sottovesti, anche quella camera d'albergo era al tempo stesso paradisiaca e infernale, perché io amavo Roberto così come Pepi ama K., piena di disperazione e come non aveva mai amato nessuno.

Le pareti della stanza erano tappezzate con una carta da parati verde bosco. Che su un tavolino ci fossero un barattolo di Jelly Beans e una scatola rossa di biscotti a forma di autobus inglese le dava un'aria da lussuosa stanza dei bambini. Nei giorni successivi avrei guardato sovente da una delle due finestre, immaginando la vita di chi abitava in quella strada.

Che Roberto fosse superstizioso lo scoprii quando gettai il mio berretto sul letto e lui lo tolse immediatamente. L'affermazione di Casanova riguardo ai suoi tre amici, il signor Bragadin, il signor Barbaro e il signor Dandolo, che definisce persone di spirito, ma superstiziose, vale anche per Roberto, che in *K.* si chiede se la superstizione sia davvero stupidità o, come diceva Baudelaire, la fonte e il bacino di raccolta di tutte le verità.

Libera da tutte le preoccupazioni che a casa mi avevano oppresso, nell'aria mite mi incamminai assieme a Roberto verso Jermyn Street. Al suo fianco iniziai un apprendistato letterario e al contempo mondano che sarebbe durato venticinque anni. Tutto accanto a lui suscitava la mia più viva attenzione, da un barboncino che zoppicava all'insegna *Azerbaijan Airlines*, che prima non avrei mai notato. Passo dopo passo, per così dire, e senza che allora ne fossi cosciente, iniziai ad apprendere il suo modo di vedere e a farlo gradualmente mio. I suoi gesti e i suoi lineamenti mi erano molto familiari. Vicino a lui ritrovavo alcune cose legate al mondo della mia infanzia, come le passeggiate domenicali, cariche d'oppressione, insieme a mio padre, che mi teneva per mano allo stesso modo di Roberto, con quella stretta calda che possedeva una forza pacificante.

Durante quella prima passeggiata per le strade di Londra, Calasso mi condusse in un negozio di cappelli, in cui provai diversi modelli, prima che andassimo al Green's Bar, dove un cameriere stava pescando proprio in quel momento un'aragosta da un acquario. Nel ristorante sedevano uomini in abito scuro che bevevano vino bianco e succhiavano ostriche. Indicando un giovane e grasso signore seduto al tavolo vicino, con la faccia tonda come un'ostia, Roberto mi sussurrò: «Un maniaco! Assomiglia al "terzo uomo"». Ancora oggi mi è rimasta l'impressione che nella strada ci fosse un buio prenatalizio, mentre in realtà splendeva il sole. Forse le finestre del bar avevano dei vetri scuri.

Nel frattempo mi è divenuto chiaro come Calasso all'epoca stesse facendo insieme a me una sorta di pellegrinaggio attraverso Londra, senza tralasciare nessuno dei luoghi che per lui avevano un significato. Usciti dal Green's andammo verso la London Library, fondata da Thomas Carlyle: qui, ogni volta che veniva in questa città, Roberto trascorreva molte ore. Parlando a bassa voce, ci aggirammo per le stanze silenziose dove si udiva solo il rumore di pagine voltate. Roberto mi condusse davanti a una sorta di armadio dotato di innumerevoli cassetti, contrassegnati da etichette con le lettere dell'alfabeto scritte a mano. Ho ancora davanti agli occhi un signore anziano sprofondato in una poltrona che ci guarda con curiosità al di sopra del giornale.

Sebbene all'epoca dessi l'impressione di conoscere abbastanza bene il mondo, e ne avessi in effetti visto una parte particolarmente bella insieme a un amico, che da sotto il suo cappello Panama mi aveva mostrato Firenze e Parigi, Smythson in Old Bond Street mi apparve come un tempio di mondani simboli cartacei, a me ancora sconosciuto. Signore con grandi borse di carta blu sceglievano già i loro regali di Natale, *golfnotices*, *guestbooks*, agende telefoniche, penne con la piuma blu pavone, e carta da lettera giallo sabbia. Ricordando il diario d'infanzia che gli avevo mostrato a Mornaga, Roberto mi chiese di scegliere una delle agende dai bordi dorati, mentre lui si entusiasmò per una scatola di cartone azzurro chiaro, grande come un portasigarette, che racchiudeva dieci piccole matite rosso ciliegia.

La mattina dopo, l'avvicinarsi del tavolino della colazione alla nostra porta, annunciato già in lontananza da un lieve tintinnio, echeggiava come se i camerieri stessero spingendo un altare di strada sul lungo tappeto del corridoio. Alle mie orecchie sembrò l'annuncio di una vita definitivamente nuova.

Poco esperta di soggiorni in alberghi a cinque stelle, seduta sul bordo del letto nella mia vestaglia nera di tessuto sintetico con un motivo a rose (di colore rosa chiaro), ammiravo il cameriere egiziano che, esclamando «Good morning mister!», spinse al centro della camera il tavolo della colazione più bello del mondo, con una tovaglia bianca, pasticcini, toast caldi, caffè fumante e uova strapazzate sotto la campana.

Il tepore nella stanza verde, la colazione con le tintinnanti teiere Sheffield, la moquette morbida sotto i piedi nudi, le tende che nascondevano il mondo esterno e le tenere attenzioni di Roberto erano così diversi dalle colazioni con yogurt e cachi, i pavimenti freddi, lo sguardo vitreo negli occhi del mio patrigno, che fu soprattutto questa prima colazione a marchiare la mia memoria con il calore delle braci di un camino. La gioia suscitata dal tavolino, arrivato sulle sue rotelle nella nostra stanza come se uscisse da una storia di Lewis Carroll, era infatti accompagnata dalla costante paura di una telefonata di mia madre, che da un momento all'altro avrebbe potuto comunicarmi una notizia catastrofica riguardo la salute del mio patrigno.

Mentre Roberto sfogliava "la Repubblica", il "Corriere della Sera" e l'"Herald Tribune", osservavo scivolare in camera da sotto la porta telegrammi, fax e buste da lettera, indirizzati tutti a lui.

Di quanto la natura riflessiva di Calasso fosse affiancata da un carattere imprenditoriale, mi resi conto quando il telefono iniziò a squillare. A chiamarlo erano Laura, la sua segretaria di allora, Bob Silvers da New York o i dipendenti della casa editrice, con cui parlava di risvolti e copertine. Come accadeva all'inizio del Ventesimo secolo con gli abiti di Fortuny, le copertine dei libri Adelphi emanavano un'aura inconfondibile. Alcune di esse hanno il potere di strappare di colpo il lettore curioso dalla sua vita quotidiana e di trasportarlo in un mondo altro. Nel suo libro *L'impronta dell'editore*, pubblicato nel 2013, Roberto racconta gli inizi della casa editrice. Uno degli aspetti assolutamente decisivi nella scelta delle copertine fu quello di prendere le distanze dal bianco dominante e ineguagliabile delle copertine di Einaudi e di non assumere un grafico. Roberto Bazlen e Luciano Foà puntarono sul colore, le ormai famose tonalità pastello. Un giorno poi, quando in casa editrice circolò la raccolta delle opere complete di Aubrey Beardsley, in cui sono riprodotte alcune *maquettes* disegnate da Beardsley nel 1895 per la collana Keynotes dell'editore John Lane, ecco che per le copertine dei libri Adelphi si trovò anche l'idea delle cornici, all'interno delle quali a questo punto poteva essere inserito solo un altro elemento essenziale: l'immagine. Nell'*Impronta dell'editore* Calasso parla dell'immagine di copertina come del "rovescio dell'ecfrasi". Con ecfrasi si intende una descrizione dettagliata di un'opera d'arte, come quelle che faceva Filostrato di Atene nelle sue *descrizioni di immagini.* La copertina, la pelle del libro, scrive Calasso, dovrebbe essere un suo *analogon*.

Dopo le telefonate, Roberto si chiuse in bagno per chiamare sua moglie, una conversazione che io, in piedi dietro la porta, irrigidita nell'immobilità, seguii con il fiato sospeso e la curiosità autolesionista dello Scorpione, senza immaginare minimamente di appartenere alla specie delle donne che origliano dietro le porte in *K.*

o nel *Castello* di Kafka, come Leni, per esempio, di cui si crede di percepire il respiro dietro le porte di Huld.

Mi colpì fino al midollo scoprire dalla conversazione telefonica ascoltata di nascosto che questo apologeta dell'eros, questo amante delle donne, fosse un marito amorevole. Non c'è da stupirsi, era nato sotto il segno dei Gemelli, la cui doppia natura lega tra loro due personalità opposte. Questa natura rendeva Roberto mondano e spirituale, divertente e scostante, fedele e infedele al tempo stesso. In tutti gli ambiti della sua vita dominava la dualità.

Non possedevo minimamente la forza necessaria a difendermi dalle parole che coglievo attraverso la porta chiusa, ognuna di esse risuonava dentro di me come in una grotta e si imprimeva nel profondo del mio essere. Quante volte ancora, spinta da un'incontenibile curiosità, avrei appoggiato l'orecchio alla porta chiusa di un bagno per cogliere ogni sua frase al telefono!

Appena arrivato in albergo, Roberto aveva sparso sulla piccola scrivania di fronte alla finestra vari libri, pile di fogli azzurri, una penna Parker blu, una Montblanc e delle matite. Come in seguito avrei spesso avuto modo di constatare, viaggiava sempre con alcuni libri, a volte decisamente tanti, e un piccolo o grande arsenale di cancelleria: gomme, temperini, grandi graffette metalliche dorate, buste color tuorlo d'uovo, elastici, cartucce e taccuini nuovi. Maneggiava con estrema cura e attenzione i suoi libri avvolti in carta pergamena. Se sottolineava qualche passaggio, lo faceva con la mina di una matita Spalding. Mai avrebbe appoggiato un libro aperto o fatto un'orecchia a una pagina, perché nulla ai suoi occhi costituiva un ponte tra questo e l'altro mondo come i libri. Anche quella mattina espresse il desiderio di ritirarsi indisturbato alla scrivania per lavorare alla conferenza che avrebbe tenuto la sera. Era uno dei lati più belli del suo carattere che da un momento all'altro potesse passare dalla concentrata dedizione al lavoro alla più allegra attitudine mondana, giacché tra la sua natura spirituale e quella mondana regnava una profonda armonia, che nel corso degli anni aveva sempre più affinato. Di me più tardi avrebbe detto che avevo un temperamento sivaita, ma era soprattutto lui quello dotato di un'indole capace di combinare ascesi ed eros.

Per lasciarlo scrivere in pace – nella *Folie Baudelaire* si dice che la scrittura, come l'eros, fa vacillare e rende permeabili le paratie dell'io – dopo colazione abbandonai la stanza, ma già in ascensore mi sentii persa e sola. Ancora assorbita dalle impressioni della mirabile colazione e dall'atmosfera calda e affettuosa nella stanza d'albergo, vagavo per le strade, finché non mi resi conto che l'Hotel Berkeley si trovava nelle immediate vicinanze di Harrods, dove l'odore del salmone fresco si mescolava alle nuvole di profumo e all'aroma di caffè, mentre nella vetrina del grande magazzino una suonatrice d'arpa truccata da egiziana sedeva al centro di un fiore di loto dorato che lentamente girava sul proprio asse.

Se da un lato ero stata educata all'insegna del motto per cui le signore alte di statura devono indossare grandi cappelli, un'altra massima di mia madre diceva che le donne belle devono evitare come la peste abiti lussuosi. Quindi andai al reparto cappelli, ma non appena iniziato il mio giro tra i modelli esposti, sentii nascere dentro di me una netta resistenza verso tutti quei costosi copricapi.

Da Sloane Square, i miei passi mi condussero a King's Road, dove finalmente trovai un boa di piume nere a basso prezzo, nella ferma convinzione che i boa piumati fossero necessari per catturare qualcosa dell'essenza di una Odette de Crécy. E con la sensazione di aver riposto nel sacchetto di plastica l'accessorio di una dea moderna, qualche passo più avanti, in un negozio vintage acquistai un lungo abito di nylon verde veleno.

Per non comparire in albergo troppo presto prolungai a oltranza la mia passeggiata tra i negozi, ma dopo aver dato un'occhiata all'orologio all'improvviso mi resi conto che il tempo che non sapevo come far passare era volato. All'ultimo momento saltai sulla pedana di un autobus in partenza, scesi vicino al Berkeley e con animo gaio attraversai la hall dell'albergo che profumava di gigli, le cui alte pareti rimandavano l'eco dei miei passi affrettati. Immaginando di essere in assoluto la donna più bella al mondo, e di librarmi a un'altezza festosa e fatale, presi il piccolo ascensore dotato di una panca in legno e salii fino al terzo piano, dove il tappeto nel corridoio buio attutiva il rumore dei passi.

I secondi prima che si aprisse la porta della nostra stanza, prima che avesse inizio un nuovo capitolo di questa storia d'amore, mi sono sembrati come i giorni e gli anni che, in *Davanti alla legge* di Kafka, l'uomo di campagna trascorre di fronte al portone che conduce alla legge, cercando in ogni modo di convincere il guardiano a lasciarlo entrare. Nella camera 314 erano nel frattempo successe moltissime cose di cui io non avrei mai saputo nulla e di cui ero stata gelosa per tutto il tempo della mia passeggiata. Nell'attimo in cui fossi entrata, avrei lasciato fuori dalla stanza quell'essere che si era aggirato da solo per le strade e sarei tornata nell'unica vita che avevo desiderato, l'unica per cui mi ero preparata nelle ore appena trascorse.

Roberto mi aprì con una sigaretta in mano e uno sguardo provato, con un'ombra di rimprovero. Aveva aspettato, disse, aspettato troppo a lungo. Mai si sarebbe immaginato come avessi fatto di tutto per non tornare troppo presto da lui e darmi così un'aria di assoluta indipendenza!

Al centro della stanza di nuovo c'era un tavolo rotondo con una tovaglia bianca, su cui spiccavano dei piatti di porcellana verde con sandwich al salmone e al pollo. Bevemmo del tè e io gli raccontai della mia escursione, che ora assumeva una coloritura fantastica. Roberto si stupì di come in così poco tempo avessi visto e comprato così tanto, muovendomi in autobus e in metropolitana.

Dopo il pranzo leggero, si sdraiò. La *siesta*, come la chiamava Roberto, era sacra per lui. E poiché fin da bambina mi era odioso quel tempo "morto" tra le due e le tre del pomeriggio, mi sdraiai accanto a lui con la felice sensazione che seguissimo ritmi simili. Un'ora dopo, con una tazza di caffè a portata di mano, mi lesse il testo su Omero che aveva rivisto la mattina. Leggeva a bassa voce, con un tono leggermente monotono. Quando lo invitai a mettere più slancio nella voce, esclamò: «Non sono mica un attore!», girò intorno al letto, mi guardò divertito e mi domandò: «Hai qualcos'altro da rimproverarmi?».

Quella sera indossai per la prima volta il mio nuovo

abito verde. Era così lungo che camminando dovevo sollevare leggermente l'orlo. Raramente mi sono sentita più bella nella mia vita, come ritagliata da un quadro di John Singer Sargent.

Non so più dove si tenne la conferenza, ma ricordo che la figlia della scrittrice Antonia Byatt ci accolse nell'anticamera di una sala dove avrebbe letto anche il poeta Christopher Logue.

Roberto lesse il suo testo con il tono di voce monotono che avevo criticato, ma nella grande sala poco illuminata quel ritmo spezzato di campane aveva la sua magia. Lo osservavo e immaginavo di vederlo e sentirlo per la prima volta. Mi piacque che in lui non ci fosse nulla di cui si potesse ridere, né il completo che indossava, né l'asciuttezza del suo tono di voce.

La mattina seguente mi portò al Victoria and Albert Museum, dove c'era una mostra di arte jaina, ma prima di visitarla attraversammo le sale di arte cinese, coreana e persiana, e il grande spazio in cui si trovava una riproduzione della Colonna Traiana. Con l'avidità di una giovane donna che abbandona gli studi e punta tutto sull'insegnamento che un uomo di genio può impartirle, lo seguii, decisa a imboccare al suo fianco la via dell'autodidatta. "Istruiscimi" avrei potuto dire, come il re Janaka al veggente Yājñavalkya. Camminavamo fianco a fianco in silenzio passando accanto a portali di chiese medievali, poi ci sedemmo su una panca. Come accadeva così spesso da quando ci conoscevamo, esaminò il grado di umidità della mia mano, poi indicò i cani e i leoni che giacevano sulle tombe medievali, simili a marmorei poggiapiedi per morti di marmo.

Nelle sale dove erano esposte le opere d'arte jain, imparai da lui alcune cose sul cosmo jainista, sul mondo superiore o celeste, il mondo intermedio o mortale, e quello inferiore o infernale. Ancora oggi vedo la ragazza scolpita nella pietra seduta nella posizione del loto, senza la testa, ma con una treccia che le scende lungo la schiena. Roberto mi raccontò anche alcune storie sul dio elefante Gaṇeśa e sul toro Nandi.

«È così bello camminare con te per un museo» diceva Roberto, che attraversava le sale con il mio stesso entusiasmo. All'epoca aveva cinquantaquattro anni, un'età in cui i sentimenti spesso si affievoliscono, ma ancora oggi ho l'impressione che Roberto allora sentisse invece con la medesima intensità e il medesimo entusiasmo che provavo io, anzi che fosse proprio l'intensità della percezione ciò che non cessava mai di unirci. Anche in seguito, la portata della percezione così come del sentimento e del desiderio di conoscenza non è mai diminuita in lui. In *Ka* osserva che gli dèi conoscevano i pericoli dell'intensità perché essi stessi erano l'intensità.

Accanto a Sotheby's c'era un negozio dove Roberto mi comprò delle calze, perché niente gli ripugnava quanto i collant di nylon strappati. Tra la biancheria intima che avevo portato con me a Londra c'era un paio di boxer di un blu slavato; quelle mutande da uomo in "blu comunista" erano state già bersaglio delle sue battute. Forse li trovava commoventi, di certo però anche scoraggianti. Ai suoi occhi, più che altro, correvo il rischio di essere abbigliata in modo un po' troppo originale. Già in quel nostro primo viaggio, cominciò a contrastare la mia forte tendenza a voler apparire una Odette del XXI secolo, con troppi volant e balze. Oggi lo capisco, allora invece mi sentivo offesa dalla sua idea precisa riguardo a come una donna dovesse essere vestita. L'austero tailleur nero che mi avrebbe poi comprato nel successivo viaggio a Londra era il miglior esempio della sua idea di stile. In fatto di moda maschile, nutriva una profonda avversione per qualsiasi sorta di eccentricità. Nella *Folie Baudelaire* cita l'insegnamento di Brummell, per il quale il sommo dell'eleganza era la semplicità assoluta. Ancora durante il suo ultimo viaggio a Londra, Roberto si comprò una giacca di lino blu scuro, un "blu comunista", che assomigliava a un camice da lavoro, acquisto di cui era felice come un ragazzino.

Il mio abito nuovo, però, che quella sera indossai ancora una volta, gli piaceva.

L'editore delle Serindia Publications ci aspettava nell'atrio. Era un uomo alto, con capelli grigio-bianchi simili all'ovatta. Sul viso rossastro spiccavano due occhi azzurri che guardavano stupiti il mondo, con una curiosità quasi da coboldo. Sulla strada per Putney, passammo davanti a un ristorante che si chiamava Indian Gossip. Quel nome entusiasmò Roberto. «Elizabeth will be with us this evening» annunciò il nostro ospite. Io non avevo la minima idea di chi fosse Elizabeth.

La casa a Putney era "una scatola dentro una scatola dentro una scatola", come si legge nel mio diario, con bovindi, alcove e innumerevoli scale, piena di figure in pietra e in bronzo provenienti dal Tibet e dal Kashmir. La moglie dell'editore era francese. Ci condusse nel salotto. Sprofondammo in un divano con in mano un bicchiere di whisky. Avevo la sensazione di essere seduta su un pelame bianco infeltrito e appiccicoso, circondata da oggetti di ottone e bronzo e dai grandi volumi della Serindia Publications: *Of Gods, Kings and Men, Oriental Medicine, Tibetan Thangka Painting* e *Alci – Ladakh's Hidden Buddhist Sanctuary*.

All'improvviso un cagnolino bianco scese di corsa le scale, mi abbaiò contro e mi saltò in grembo. L'animale aveva preceduto quell'Elizabeth, annunciata in precedenza, che ricordo come una donna piccola e scarna, con i capelli corti e la permanente, pantaloni ampi, ballerine nere e occhiali dalle lenti spesse.

Quando prendemmo posto a tavola, era come se ci fossimo seduti attorno a un tappeto sfilacciato, di un marrone arrugginito. Le ciotole cinesi erano fredde al tatto, tanto quanto i pesanti cucchiai blu che intingemmo in una tiepida zuppa color crema.

«Delicious!» esclamai.

Poco dopo, l'editore mise in tavola un piatto di pesce ugualmente tiepido e color crema insieme a un purè di patate.

«Potatoes!» esclamammo Roberto e io come da una sola bocca, in quell'erotico linguaggio segreto parlato solo dagli amanti. La parola "patata", che per noi emanava una magia irrazionale, faceva ormai parte del nostro gergo, che allora non avrebbe entusiasmato nessun altro tranne noi, e il cui incanto, dopo trent'anni, anche a me è divenuto incomprensibile. Purtroppo, ora le patate per me non sono altro che patate, rosse, gialle o bianche.

Elizabeth raccontò che a gennaio del nuovo anno sarebbe volata di nuovo in India e a febbraio in Mongolia, dove avrebbe guidato un piccolo gruppo in una cavalcata per il paese in groppa a cavalli selvaggi.

«E le tue pecore?» voleva sapere l'editore.

«Lei ha delle pecore?» domandai.

«Più di settanta, che al momento stanno affondando nel fango!»

«Elizabeth» le disse Roberto, «domenica verremmo volentieri a trovarti. Ti andrebbe bene?»

«Benissimo! Dovete però procurarvi degli stivali di gomma!»

Poi Elizabeth si tolse le scarpe dalla suola sottile e appoggiò i piedi sul tavolino basso. Indossava delle calze di nylon bianche, da prima comunione.

Avevo un'età in cui ancora capita di essere assaliti da incontenibili attacchi di riso. Una volta cominciato non riuscivo più a smettere. Inoltre, immaginavo che anche Calasso trovasse quella casa comica quanto me.

Alle due di notte, mentre ci congedavamo con un bacio sulle guance dai padroni di casa e da Elizabeth, mi scusai per il mio comportamento, ma in taxi Roberto e io scoppiammo di nuovo in una irrefrenabile risata. Ridemmo fino all'arrivo in albergo e lì, nel cuore della notte, continuammo a ridere. Bastava che lui pronunciasse la parola "Mongolia", e io "sheep", ed entrambi ci piegavamo in due dal ridere. Alla fine, abbiamo dovuto aprire le finestre per prendere un po' d'aria fresca. Era successo qualcosa di comico? No, affatto, si trattava solo di complicità tra amanti che ridono di tutto ciò che non sia la serietà del loro amore.

«Voglio la neve» fu la mia ultima frase prima di addormentarmi.

Il sabato mattina, Roberto scostò un po' le tende. «Ci sono due persone per strada» constatò, «sembra irreale.» Il tetto nero della chiesa, che vedevamo dalla nostra finestra, luccicava come il dorso di un delfino. Nelle prime ore del mattino era caduta una leggera pioggia, che conferiva splendore alla silenziosa strada del sabato mattina e ai garofani rosso sangue appoggiati su una lapide presso la facciata laterale della chiesa. Mi parve che persino il cameriere egiziano bussasse alla porta in modo più lieve del solito e spingesse il tavolino rotondo, dal leggero tintinnio, con ancora più cautela attraverso la porta aperta della nostra stanza, come se temesse che dalle teiere Sheffield potessero cadere gocce di pioggia. «Thank you, sir! Goodbye, sir!» lo sentii dire mentre stavo immobile sotto le candide lenzuola e osservavo in silenzio ciò che accadeva nella stanza: come il cameriere avvicinava due sedie al tavolo, appoggiava le teiere e usciva di nuovo dalla camera.

Con il mio nuovo boa di piume intorno al collo, mi sedetti al tavolino e mangiai la composta di mele. Roberto mi disse che amava la composta di mele. Soprattutto, però, gli piacevano le uova strapazzate che, nonostante il tragitto dalla cucina alla stanza, erano rimaste calde sotto la campana Sheffield.

«Quando ti alzi hai otto anni, nove al massimo» osservò, aggiungendo poi: «Io però sono comunque di un anno indietro rispetto a te. Leggimi un articolo di "Le Monde", così vedo se parlerai mai bene il francese.»

Diventare una vera e propria allieva di Roberto: questa idea mi riempiva di una tale gioia che già al mattino lo pregavo di farmi leggere a voce alta davanti a lui giornali francesi o inglesi. La conoscenza di inglese e francese era ai miei occhi indispensabile se volevo muovermi nel suo mondo.

«Eccellente!» valutò. «Ancora qualche esitazione, comunque eccellente!»

Facemmo un bagno caldo e Roberto decise di non andare da Elizabeth Chatwin in campagna, perché sì, l'Elizabeth della sera prima («Non te l'avevo detto?» domandò, come se avessi dovuto capire da sola che quella Elizabeth non poteva che essere Elizabeth Chatwin) era stata la moglie di uno dei miei scrittori preferiti. «Come?» esclamai. «Non può essere!» Affondai la testa sott'acqua nella vasca e quando riemersi lo sentii dire: «... il matrimonio era solo una copertura. Sulla natura delle relazioni di Bruce non si è mai saputo nulla di preciso. Lui taceva, Elizabeth tace».

Poiché entrambi reagivamo con una certa indifferenza all'arte moderna, secondo Calasso l'unica opzione da prendere in considerazione quella mattina era il British Museum. «Ciò che vedremo oggi sarà una sorpresa. Sono così felice che non sei ancora mai stata al British Museum!» Ciò che si vede o si sperimenta per la prima volta, Roberto Bazlen lo chiamava la *primavoltità*.

Dopo una rapida occhiata alla biblioteca del British Museum, dove da studente aveva trascorso un'infinità di ore a raccogliere materiale per la sua tesi di laurea su Sir Thomas Browne, Roberto, come era solito fare nei musei, tirò fuori gli occhiali rotondi con la sottile montatura d'argento che gli aveva regalato Iosif Brodskij.

Nella contemplazione delle opere d'arte ero piuttosto esperta, e il mio modo di ammirare i quadri o le statue era molto simile a quello di Roberto; ma solo al suo fianco imparai davvero a guardare. Roberto si rifaceva alla definizione di cultura come "educazione dell'attenzione" di Simone Weil. Anche lui aveva un occhio fenomenale, possedeva "l'occhio", e mi ha insegnato a osservare le cose in maniera più soggettiva, più personale, per così dire, attraverso una lente non offuscata dalle convenzioni accademiche. L'avidità dello sguardo, nutrita dagli infiniti oggetti d'arte scrutati, fu uno stimolo potente per la prosa di Baudelaire, scrive Calasso nella *Folie Baudelaire*, senza dubbio rispecchiandosi in questo autore, così come si era riconosciuto in Kafka, Tiepolo o negli *ṛṣi*.

Da mia madre avevo sempre sentito dire che la fotografia era qualcosa di spregevole e volgare, se le cose potevano anche essere ritratte con il disegno. Calasso considerava questa antiquata teoria una sciocchezza, fotografava molto, teneva sempre la macchina fotografica in una tasca della giacca, in cui erano custoditi anche due piccoli taccuini (all'epoca i sottili taccuini di Marie Papier di Parigi, più tardi quelli color sabbia di Muji), che tirava fuori ogni volta che c'era qualcosa da annotare, come il titolo di un quadro, un numero di telefono, il commento di una persona, o riflessioni sul libro al quale stava lavorando.

«Adesso arriva una sorpresa» mi sussurrò mentre ci dirigevamo verso il Monumento delle Nereidi, che si stagliava su uno sfondo blu. Questo blu, davanti al quale tre Nereidi senza testa danzavano nella perfezione dei loro corpi avvolti nelle pieghe svolazzanti delle vesti di pietra, mi parlò allora di un altro mondo in cui potevo penetrare solo al fianco di Roberto.

I fregi e frontoni di Fidia! Rimanemmo molto a lungo davanti alle dee del frontone orientale, davanti al movimento lento e sinuoso, nel suo crescere ondoso, dove nelle pieghe delle vesti la luce segue l'ombra, l'ombra la luce.

Roberto diresse la mia attenzione su alcuni dettagli, i berretti frigi degli iniziati, una stampella, le torce, gli occhi delle mucche, ma soprattutto i nastri sospesi nell'aria. "Le bende", i "nastri alati" sono, scrive Calasso nelle *Nozze di Cadmo e Armonia*, "nervature del *nexus rerum*". È la connessione di tutto al tutto a rendere il senso della vita. Quelle bende sono di colore bianco perché il bianco piace agli dèi e rosse perché rimandano al sangue e alla morte che attende noi esseri umani. Vederle è a noi però impossibile ed è giusto così, altrimenti non riusciremmo più a muoverci, diverremmo dei prigionieri. Quando invece l'indifferenza viene meno, sentiamo la loro presenza e la forza di una corrente che ci trascina altrove. A volte poi queste *bende* dolcemente si intrecciano tra loro accerchiandoci, divenendo "corona" e perfezione. Connessioni, *bandhu*, analogie: per Baudelaire, come per Roberto, l'analogia era una scienza.

Nel pomeriggio, durante il nostro giro alla National Gallery, fui particolarmente attratta da un dipinto di James Tissot, *At the Rifle Range*, "Al poligono di tiro". Raffigura una giovane donna, dal pallido incarnato, in abito nero a collo alto e giacca ricamata a motivi persiani. Lungo tutto l'orlo della giacca corre un bordo di pelliccia tra il marrone e il grigio. In testa porta un piccolo cappello nero come un'anatra nera con qualche piuma bianca. Il nero degli occhi e delle sopracciglia brilla nel bianco del suo viso, solo le orecchie sono leggermente rosse, così come la piccola bocca e i polpastrelli delle mani delicate e pallide. Sotto la volta di un padiglione verde, sta ritta in piedi su un piccolo tappeto a strisce gialle e rosse. Accanto a lei c'è un tavolino, anch'esso verde, con sopra delle pistole, un panno per lucidare le armi e una ciotola bianca. A quel tavolino sono appoggiati due fucili. La giovane dama tiene in mano una grande e pesante pistola e mira «agli uomini che la infastidiscono», come osservò Roberto. Oggi riconosco un legame tra le parole che egli pronunciò a Mornaga, quando di notte lo portai sulla terrazza della mia camera e lui mi disse che da lì avrei buttato di sotto tutti i miei ammiratori, e il suo commento riguardo alla giovane donna che prende la mira per colpire i suoi fastidiosi corteggiatori. Calasso ha sempre considerato la donna superiore all'uomo e nelle donne amava questa superiorità. In *Ka* scrive che al mondo non c'è nulla di più temibile di una donna.

Davanti alla *Morte di Atteone* di Tiziano, Roberto mi raccontò un aneddoto: «Una volta, stavo guardando questo dipinto e una classe di scolari era seduta di fronte al quadro insieme all'insegnante. La maestra aveva domandato agli alunni: "Cosa vi colpisce in questo quadro?". Uno scolaro rispose: "La trasformazione dell'uomo in cervo", una scolara: "Il cane nero con il collare rosso", poi però un altro alunno, in cui riconobbi subito qualcosa di geniale, disse: "All'arco manca la corda"». Anche questa storia mostra che a Calasso importava soprattutto l'acutezza dello sguardo.

Molto spesso erano i quadri più piccoli a richiamare la sua attenzione, per esempio, i quadri del Sassetta. A Londra, ho guardato per la prima volta in modo consapevole un Pisanello, il più giapponese tra tutti i pittori italiani. Si trattava della *Visione di sant'Eustachio.* Ma anche i quadri di Hogarth, Reynolds e Stubbs assumevano al fianco di Roberto un significato che d'ora in poi avrebbe fatto parte del nostro amore, rientrando nell'imprescindibile inventario della nostra felicità. Quando ci fermammo davanti a *Un'allegoria con Venere e Tempo* di Giambattista Tiepolo, Roberto esclamò: «Sei tu!», indicando la dea bionda che sedeva fra drappi rosa, bianchi e gialli, in mezzo alle nuvole, immersa nei colori dell'aurora. Tiene in braccio un bimbo, che ha appena lavato con l'acqua della brocca, e lo depone tra le braccia del Tempo, che lo porterà sulla terra. In questo attimo, tuttavia, il dio ha messo da parte la falce con cui recide le ore della vita. Una collana di perle cinge il collo tornito di Venere. Dietro la dea, il cielo di un azzurro etereo si allarga verso l'infinito. «Sei tu» ripeté Roberto. Ma eravamo noi anche quelle due figure che avevano accompagnato Tiepolo in tutta la sua vita di pittore: il Vecchio e la Fanciulla. Che fossero Plutone e Proserpina, Nettuno e Venezia o Tempo e Verità, erano sempre quei due personaggi a incontrarsi e a rimanere uniti. Era però qualcos'altro a legare Roberto al pittore: il respiro vasto che distingueva l'artista da tutti i suoi contemporanei, quell'indomabile senso di leggerezza. Nel *Rosa Tiepolo,* uno studio sul pittore pubblicato nel 2006, Tiepolo è colto come ultima incarnazione della sprezzatura, la suprema arte di non apparire *artistici*. Di questo respiro, di quest'aria leggera che si sente solo nei "tocchi morbidi" che accennano alla presenza di un dio senza nome, Roberto sentì la nostalgia sino alla fine.

La mattina successiva, la nebbia premeva sui vetri delle finestre dell'albergo. Ad aspettarci davanti al Berkeley alle undici c'era una Mercedes nera. L'autista che ci portò a Oxford si chiamava Andrew.

Era il primo giorno di Avvento. Camminammo lungo

High Street, dove due bambine bionde con le lentiggini suonavano melodie natalizie al violino e al violoncello. Quando iniziò a piovere, Roberto mi raccontò che a dodici anni aveva vissuto a Oxford presso una parente di Alexsander Puškin, una donna eccentrica con quattro figli che facevano quello che volevano.

A mezzogiorno mi portò all'Hotel Randolph. Nella sala con il pavimento ricoperto di moquette, il camino acceso, l'orologio a muro che ticchettava forte, la vista dalle alte finestre sulla strada vuota, la ragazza con gli stivali da cavallerizza e gli uomini che leggevano i giornali, regnava il silenzio di una piovosa domenica mattina d'inverno. Che sulla porta del bagno stesse scritto *Powder Room* lo ricordo come cosa squisita, al pari dello sgabello sistemato davanti a un grande specchio che rifletteva un flacone e una ciotola di vetro colma di fiori secchi nell'anticamera della toilette. Sui tavolini erano stese tovaglie di lino bianco, e studentesse dalle lunghe trecce vestite di blu servivano sandwich al pollo freddi e Guinness.

Erano le due e mezza e già cominciava a fare buio quando lasciammo l'albergo, attraversammo la strada ed entrammo nell'Ashmolean Museum. Come sempre nei musei, Roberto fu colto da una curiosità euforica. Passavamo da una vetrina all'altra e lui mi teneva la mano, la cui umidità gli faceva forse venire in mente la consorte di Śiva, Parvati, che giace madida di sudore accanto al dio e lo tormenta con la sua gelosia per le sue precedenti mogli. Calasso mi mostrò e spiegò gli oggetti e le immagini che gli piacevano di più. Io lo seguivo in silenzio e ascoltavo. Come Plotino, Roberto era convinto che una bellezza invisibile e immutabile pervade tutte le cose. Tale bellezza era l'unico potere di fronte al quale Baudelaire si inchinava: il bello nella molteplicità dei suoi mutevoli colori, che attraversa le infinite spirali della vita. Alla ricerca di questa bellezza, Calasso non chiudeva però mai la sua mente di fronte al dettaglio comico o ridicolo di un bell'oggetto o di un'immagine. Faceva osservazioni laconiche e calzanti su singoli quadri o statue. «Guarda che nasi schiacciati hanno quei cacciatori» osservò a proposito dei ritratti nella *Caccia nella foresta* di Paolo Uccello.

Nel frattempo, si era messo a piovere a dirotto. Davanti al museo, Roberto aprì il suo ombrello sulle nostre teste e annunciò: «E ora ti faccio vedere la più grande libreria d'Inghilterra».

Che si trattasse del Randolph, dell'Ashmolean o della libreria Blackwell's, quando Calasso mi portava in luoghi che lui amava era sempre una sorta di iniziazione. Da Blackwell's andò alla sezione di letteratura indiana antica, ma rimase deluso dall'esigua scelta di libri a disposizione.

Andrew ci aspettava fuori dalla libreria per accompagnarci al Merton College, dove attraversammo cortili interni, camminando su lastre di pietra umide e lucide, e oltrepassammo le piccole sale della biblioteca in cui gli studenti immersi nella lettura sedevano davanti alle finestre. Varcammo poi giardini verdi di edera pieni di cespugli di rose e passammo sotto archi gotici, percorrendo altri cortili in cui riecheggiavano note di pianoforte e il rumore delle gocce di pioggia. In lontananza, rintocchi di campane.

Quando la sera tornammo al Berkeley suonò il telefono. Era Fleur Jaeggy, di cui Adelphi aveva pubblicato i romanzi *Le statue d'acqua, I beati anni del castigo* e *La paura del cielo*. La sentii ridere all'altro capo del filo. Tenevo il mio libro talmente vicino agli occhi da non riuscire a vedere più nulla intorno a me. Più stavo insieme a Roberto, più aumentava dentro di me la somma delle immagini della sua vita a Milano.

Quando scendemmo nella hall per chiamare un taxi, il concierge italiano che aveva prenotato per noi un tavolo alla Bombay Brasserie osservò: «La brasserie è di fronte alla libreria dove ho comprato *Le nozze di Cadmo e Armonia*, signor Calasso». Sul cartellino alla giacca c'era scritto il suo nome: Mario.

Eccole ancora una volta, le coincidenze amate da Roberto, le fatali combinazioni segrete o il caso. Calasso salì di corsa in camera per prendere una copia della *Rovina di Kasch* e stava per scrivere *Per Mario* sul libro quando il portiere lo pregò: «Per favore, scriva *Per Carmelo*. È il mio vero nome, però Mario in Inghilterra suona meglio». Roberto scrisse: "Per *Mario e Carmelo ecc.*".

Il lunedì mattina, da Sotheby's, Roberto si fece portare un libro che proveniva da quella che un tempo era stata la biblioteca di Horace Walpole e aveva all'interno dei disegni di vasi greci. Era in vendita all'asta al prezzo di cinquantamila sterline. Mentre parlavamo sottovoce, voltavamo insieme le pagine, facevamo dei calcoli, ci allontanavamo e tornavamo indietro, i suoi occhi non riuscivano a staccarsi dal volume, finché decidemmo di pranzare da Wiltons in Jermyn Street, le cui pareti gialle mi fecero pensare ai quadri di Manet. Da Wiltons sedevano completi gessati e sotto i tavoli si incrociavano paia di scarpe che nell'oscurità brillavano come occhi di cane. Sui volti dei clienti, con i loro nasi dalla punta arrossata, le labbra sottili e le pupille azzurre e acquose, cercai il riflesso dei paesaggi da cui provenivano. Visti con i loro occhi, Roberto e io non avremmo potuto essere più diversi: lui scuro di capelli e di statura piuttosto bassa, io bionda e piuttosto alta, lui vecchio, io giovane, eppure queste differenze non le sentivamo, nell'inebriante sensazione di formare una sorta di setta *à deux*, che onorava gli stessi dèi.

«Half a dozen!» ordinò di nuovo Roberto, e sei grosse ostriche apparvero sulla tovaglia candida. Gli parlai di *Ostriche*, che ritenevo uno dei racconti brevi più belli e commoventi di Anton Čechov, e scelsi l'ostrica più grossa. Pesante e corrosiva, andò a posarsi sulla mia lingua, riempiendomi la bocca senza che riuscissi a inghiottirla. Il mollusco diventava sempre più pesante, ma non volevo sputarlo, non da Wiltons, non tra i completi gessati e i sigari Avana. Addentai la carne scivolosa, la ingoiai, sentii che mi girava la testa e nemmeno le fettine di pane imburrate riuscirono a fermare la nausea. Roberto, che aveva l'abitudine di sbriciolare il pane, guardandomi si mise a ridere.

Alla Wallace Collection l'ostrica continuava a tormentarmi. Vomitai. Calasso chiamò un taxi per riportarmi in albergo e, quando il telefono nella nostra stanza squillò, non alzò il ricevitore.

Martedì 5 dicembre, il cameriere egiziano sentenziò: «It's icy cold today!». Davanti alle nostre finestre la luce annunciava neve. Erano le sette e mezza quando risuonò l'amato tintinnio dei piatti sul tavolo della colazione.

«Mi vuoi commuovere!» esclamò Roberto dal bagno.

«Vieni qui, subito! Guarda: il tuo spazzolino da denti e il mio rasoio si abbracciano!»

Con il cuore pesante, facemmo le valigie, ci dividemmo le cartoline e i libri. Qualunque cosa passasse dal suo "possesso" al mio, che fosse una graffetta, una matita, un fazzoletto o anche solo un foglio annotato, per me era un tesoro. Tra le sue camicie erano finite alcune mie penne e le mie calze. Parlammo poco. Alle dieci lo stavo accompagnando all'ascensore, quando una cameriera corse ridendo lungo il corridoio e Roberto osservò: «Lei è come noi!».

Fu un addio breve, frettoloso, quasi severo, ma quando la porta dell'ascensore si chiuse dietro di lui corsi in camera, presi il cappotto, aspettai una piccola eternità l'ascensore e scesi al piano di sotto, dove Roberto era ancora alla reception. «Dai la mancia al portiere e ai boys! A Carmelo spettano quaranta sterline. Scrivigli anche due righe!»

Ero già in strada quando Roberto mi passò accanto in taxi e mi salutò da dietro il finestrino. Non appena la macchina girò l'angolo, iniziò a nevicare.

Con una sensazione di spaesamento, salii su un autobus, scesi dopo due fermate, presi la metropolitana, arrivai a Oxford Street e poi a Bond Street, passai davanti a Sotheby's, che ora per me era sbarrato, come tutti i luoghi visti insieme a Roberto, che senza di lui erano diventati non solo inaccessibili ma anche estranei.

Quando tornai nella stanza 314, scorsi una busta dietro la porta, sul tappeto. La aprii: "To Mr. Calasso. From Roberto. Kisses, remember to reserve a seat on the airplane".

Il dolore mi tolse il fiato. Una donna gli mandava dei baci e gli ricordava di prenotare un posto in aereo! Staccandosi dalla falange di donne dalle sofisticate figure che ai miei occhi lo avevano circondato fin dal primo momento della nostra conoscenza, ecco che una di loro prendeva ora forma concreta, in queste parole rivolte a lui. Sempre preda di un dolore lancinante, dopo una seconda occhiata al telegramma, capii che invece ero io il destinatario dei baci e del promemoria che diceva di prenotare il posto in aereo. Poco dopo, un altro telegramma fu infilato nella fessura sotto la porta: "It's snowing". È ancora nel mio diario.

Misi in una busta i soldi per Carmelo e gli scrissi un biglietto: "Magari potessimo tutti cambiare i nostri nomi!". Poi chiesi una sigaretta a un cameriere e rimasi seduta per altri dieci minuti al tavolo della colazione in disordine. Il resto del caffellatte nella tazza di Roberto, le briciole di pasta sfoglia sul suo piatto, il cucchiaio ricoperto di marmellata d'arance, il letto sfatto e gli appunti che aveva scritto continuavano a trattenere la sua presenza fisica tra le pareti verdi di questa stanza, ai miei occhi sempre più simile a una specie di santuario che conservava il condensato di ore felici. Che dopo di noi ci sarebbero entrati altri ospiti per me era inimmaginabile. Mi congedai dal letto, dalla scrivania, dalla vista dalle finestre, dalla lampada su cui era stato appeso il mio boa di piume e, chiudendo dietro di me la porta del paradiso, sentii ancora una volta quanto il mio destino fosse radicalmente cambiato. Durante il tragitto verso l'aeroporto, la neve cadeva fitta fitta. Dalla tempesta di neve volai dentro il cielo blu. Nel finestrino alla mia sinistra il sole di un rosso incandescente stava tramontando, in quello alla mia destra splendeva già la luna.

***

"L'amicizia di un grande scrittore sarebbe una benedizione. È un gran peccato che coloro di cui si desidera il favore siano sempre già morti." Al mio amore per Roberto, la considerazione di Jules Renard non si applicava affatto. Calasso era un grande scrittore, mi aveva concesso più del favore della sua amicizia ed era così in vita che non molto tempo dopo il nostro ritorno da Londra mi invitò a fare un viaggio a Roma.

Poco prima di Natale, una mattina mi ritrovai ancora una volta ad aspettarlo all'aeroporto di Linate, con la tensione interiore e la passione di una giovane donna a cui la meta del viaggio è indifferente, dal momento che cammina al suo fianco, come l'arcangelo Raffaele accanto a Tobia.

Fare un nuovo viaggio con Roberto per me significava intraprendere la vita, la *mia* vita. Con l'anima in tumulto lo vidi venirmi incontro nel suo cappotto blu. Tutto in me correva verso di lui e allo stesso tempo tutto si ritraeva. Tra di noi, a renderci estranei l'uno all'altra, c'era il tempo della separazione, durante il quale io mi ero preparata a ulteriori e profondi cambiamenti al suo fianco. Quando fu davanti a me, sollevai solo per un attimo lo sguardo, lo salutai e mi chinai di nuovo sul libro che avevo tra le mani. Oggi mi addolora il pensiero che il mio cuore si sia ribellato così spesso contro di lui, allora però, quando Roberto si sedette accanto a me con i suoi giornali, tra di noi regnò un silenzio teso finché io non lo guardai di lato, lui abbassò il giornale e, alla domanda su com'era andata in Svizzera, mi raccontò della sua visita all'amico e editore Vladimir Dimitrijević, sulla cui scrivania si accumulavano scatoloni di libri.

Roberto mi disse che la settimana precedente aveva letto *Ostriche*, di Čechov, in un'edizione del 1954 che gli avevano regalato per Natale i nonni. «E pensa, nei tre volumi avevo segnato solo questo racconto!»

La vicinanza di Calasso significava l'immersione in un'atmosfera eccitante, grazie alla quale dentro di me, come innumerevoli boccioli su un ramo, fiorivano svariati tipi di donna. La gelosa, la figlia, la civetta, la difficile o la colta. Ciò che prima mi era sembrato piuttosto squallido, la pulizia soffocante dell'aeroporto, i sedili duri, l'odore di ammorbidente, la sfilata di valigie con le rotelle contro cui mi ribellavo con la mia vecchia borsa di pelle di cammello, grazie alla vicinanza di Roberto sfumava divenendo semplice sfondo del mio amore. Tutto si animava, tutto perdeva la sua *pesantezza omicida*.

Un'aria calda, paludosamente umida, ci avvolse una volta atterrati a Fiumicino. Non era passato molto tempo da quando avevo lasciato Londra in un turbinio di neve, e ora – la cosa mi parve vagamente surreale, forse perché allora il mondo mi sembrava più grande di adesso – ci dirigevamo verso Roma, attraversando un paesaggio piatto con pini e palme.

Il taxi ci lasciò davanti all'Hotel Hassler, grande, silenzioso e quasi deserto. Nell'aria mite della hall si sentiva il rumore di un aspirapolvere. Dopo un caffè servito da un cameriere con la fronte bagnata di sudore, Roberto mi portò a Trinità dei Monti, prima di salutarmi con le parole: «Mangia qualcosa e riposati un po'», risalire su un taxi e andare da sua madre Melisenda, che lo aspettava per il pranzo. Questa visita mi trasportò in un tempo remoto di cui Roberto mi aveva raccontato alcuni ricordi che ai miei occhi avevano le tonalità delle foto in bianco e nero. Il taxi lo riportava dentro quel passato e io vedevo Roberto in un'Italia di quando non ero ancora nata, da me amata grazie ai film di De Sica e Totò, l'Italia del Dopoguerra, l'Italia preconciliare, dei sacerdoti con le lunghe tonache nere, il paese delle amate bettole di Roberto Bazlen, di Anna Magnani e Federico Fellini, un'Italia in cui le donne come la madre di Roberto si facevano fare i cappelli dalle modiste e i tailleur dalle sarte.

Di quell'epoca io conoscevo le immagini di Sophia Loren che, con un sorriso da dea, vende la pizza a Napoli, quelle del ragazzino di *Ladri di biciclette*, di Silvana Mangano in mezzo alle donne che cantano nelle risaie della Pianura Padana. Attraverso Calasso ho avuto la possibilità di penetrare un poco in quel tempo remoto, e tuttavia a me vicino, quasi di toccarlo, quando toccavo Roberto, poiché in lui quegli anni tramontati ancora vivevano. I suoi occhi avevano guardato negli occhi di Cristina Campo, di Borges e di Cioran, avevano visto Cortot suonare il pianoforte, tuttavia Roberto, che amava la sobrietà, non si lasciava mai prendere dall'entusiasmo per quegli anni, che a me, dopo il Rinascimento, sembravano i più felici dell'Italia ed erano più vicini al mio cuore del presente, al quale facevo fatica a adattarmi.

L'impiegato dell'albergo sistemò i miei bagagli nell'anticamera e chiuse la porta. Mi sdraiai sul letto con un sacchetto di patatine e una Coca-Cola; la camera, in cui dominavano i colori beige e verde, odorava di chiuso e dava su Piazza di Spagna. Rimasi ad ascoltare i rumori prodotti dal montaggio delle decorazioni natalizie sopra la porta d'ingresso dell'albergo, il fischio di qualcuno che nell'aria calda e umida chiamava un taxi e lo scoppiettare del motore di un'Ape che passava davanti all'Hassler. Eppure, nella stanza regnava il silenzio che hanno solo le camere d'albergo e che rendeva ancora più palpabile l'assenza di Roberto. Questo silenzio mi dava una sensazione di libertà, come se il grande letto e gli altri mobili scuri fossero al mio servizio, permettendomi, contando sulla loro complicità, di comportarmi come a casa non mi sarebbe mai venuto in mente di fare: stare sdraiata sul letto vestita, con un sacchetto di patatine e una Coca-Cola, guardandomi allo specchio. All'epoca trovavo ancora eccitante poter disporre a mio piacimento del contenuto di un frigorifero d'albergo come di gelidi tesori racchiusi in una cassaforte. Le bottiglie mignon di whisky o di cognac evocavano in me immagini di uomini che in viaggio si comportano in maniera impossibile.

Triste e con la sensazione di un vuoto colmo di inquietudine, rimasi sdraiata, ma nel frattempo il mio *karman* si accumulava, le mie azioni venivano registrate, poiché *ogni* azione viene registrata, come nel *Castello* di Kafka, dove i funzionari documentano tutto ciò che comunque accade. Anche per questa ragione, osserva Calasso in *K.*, il *karman* è terribile, perché esiste indipendentemente da qualsiasi credenza o culto. Non importa quanto irrispettosi o miscredenti siamo, le nostre azioni si sommano e si accumulano, al di là della nostra portata, non diversamente da quelle dei bigotti.

Attratta dall'idea di cercare dei regali di Natale per mia madre e il mio patrigno nelle strade di Roma, e al tempo stesso frenata da un assoluto disinteresse per tutto ciò che mi accadeva quando non ero al fianco di Roberto, le ore si allungavano dinanzi a me come rotoli di tempo infiniti, pergamene che dovevo riempire, se più tardi volevo avere qualcosa da raccontare.

Con il passo frettoloso, leggermente altezzoso e incurante di una giovane donna che sa di essere seguita dagli sguardi degli uomini, lasciai l'albergo, scesi i gradini di Piazza di Spagna e superai l'angolo tra Piazza di Spagna e via Condotti, di cui Roberto, in *Bobi*, il libro su Bazlen pubblicato poco prima della sua morte, avrebbe poi scritto che un tempo lì si concentravano la massima eleganza e *avventurosità*.

Quando passavo davanti a una libreria, mi fermavo e cercavo con lo sguardo i libri Adelphi, sentendomi come una di quelle anonime lettrici a cui forse pensava Roberto quando, nel suo libro sull'editoria, scrisse che la complicità con persone che non si conoscono può derivare solo dal rinnovarsi del contrario di una delusione. Ma come può una casa editrice essere sicura di non deludere? La via migliore, secondo Calasso, è quella di rinunciare completamente a cercare di farlo, oppure di attenersi a una regola minima, ovvero partire dal presupposto che gli altri non saranno delusi da ciò che non delude noi stessi. Se si applica questa regola, continua Calasso, il risultato sarà altamente idiosincratico e verrà preso in mano solo da pochi lettori, ma sono proprio questi pochi che in qualsiasi momento possono diventare molti, gli affini, che già dall'immagine di copertina sono in grado di afferrare l'atmosfera di un libro. Ed è proprio con questo drappello di non delusi che una casa editrice stringe nel tempo una tacita alleanza, e Calasso conclude dicendo che, finché sussiste la possibilità di questa alleanza, il mestiere dell'editore resterà un gioco appassionante.

Il catalogo Adelphi, che si estende in tutte le direzioni del firmamento, testimonia dell'apertura che i suoi fondatori, soprattutto Roberto Bazlen, avevano per *ogni* genere di libro, purché il testo contenesse il potenziale di provocare, tra le altre cose, uno *shock estetico*. Su questa apertura si fondò la fortuna della casa editrice, nota, tra l'altro, per aver pubblicato un numero notevole di libri invendibili, che tuttavia l'editore e i suoi collaboratori pensavano dovessero essere fatti, come *La dottrina della vibrazione* (un testo sullo śivaismo tantrico del Kashmir), sebbene col tempo si sia capito che anche libri simili erano e sono tessere necessarie nel mosaico del programma editoriale.

Pur non rappresentando l'aspetto fondamentale, ai fondatori di Adelphi, e in particolare all'amministratore delegato Luciano Foà e ad Alberto Zevi, azionista dal 1965 e presidente dal 1975 al 1993, era ben chiaro l'intreccio di elementi finanziari e aziendali che sta dietro a un editore di successo anche da un punto di vista economico. Ciò, tuttavia, non li portò a corteggiare con zelo gli autori, quanto piuttosto ad attirare gli scrittori in sintonia con l'*animus* e l'*anima* della casa editrice, come Borges o Simenon, Thomas Bernhard o Ingeborg

Bachmann, Canetti o Kundera. Da un certo punto in poi, l'afflusso di autori di spicco si verificò in modo pressoché automatico, secondo l'originario desiderio di Bazlen e Foà di attrarre autori e lettori affini che riconoscessero l'intima parentela tra i libri pubblicati da Adelphi e formassero così una sorta di clan spirituale, in cui gli esili libri della Piccola Biblioteca (una collana in cui si trovano scrittori come Somerset Maugham, Jean Paul, Durrell, Stifter, Pessoa, Nabokov, Robert Walser e Milan Kundera, poeti come Kavafis o Mandel'štam, filosofi come Benedetto Croce o Heidegger) sono legati ai voluminosi testi della collana Classici, in cui compaiono autori come Porfirio, Giordano Bruno, Brantôme, Georg Büchner, Hölderlin, Kant o Schopenhauer. Sempre inflessibile nel suo rifiuto a pubblicare libri che non rientrassero in questo clan, Adelphi accumulò tesori.

Chi oggi sfoglia il catalogo dovrebbe provare immediatamente il piacere di considerare ogni libro come una porta che si apre verso uno o più altri titoli Adelphi, come una piccola barca che ci porta un po' più in là nel mare della vita. A posteriori, si potrebbe dire che Roberto Bazlen, Luciano Foà e poi Calasso applicassero al lavoro editoriale un approccio medico, in quanto "prescrivevano" ai lettori Adelphi i libri che avevano il potere di salvarli. La loro casa editrice era qualcosa di simile a un ambulatorio in cui vengono offerti farmaci spirituali contro l'abbrutimento dello spirito, poiché, come mostra la *preghiera del cuore* di un anonimo pellegrino russo, esiste l'effetto catartico di una buona lettura. La fede di Roberto nel "buon" libro ha rafforzato anche me, mi ha dato il coraggio di cercare i libri "migliori", quelli che, come il ferro nel fuoco, hanno resistito per millenni, secoli o decenni al fuoco del tempo, anzi in esso si sono temprati.

Quando iniziò a piovere, tornai in albergo, mi sedetti al bar e ordinai al barista con la fronte sudata tè e biscotti, che sembravano fatti di stucco. Aspettavo Roberto fumando una sigaretta. L'amore è fatto in gran parte di attesa. Come Josef K. e K., tutti gli amanti vivono in uno stato di attesa, è questo il loro fondamento. E nulla più del fumare una sigaretta illustra tale stato.

Quando finalmente vidi Roberto entrare nell'atrio con i suoi occhiali da sole neri, gli tagliai la strada prima che raggiungesse l'ascensore e insieme ci mettemmo in cammino verso Palazzo Primoli, dove Mario Praz aveva vissuto dal 1969 al 1982 in un grande appartamento all'ultimo piano. A Francoforte, quello di Mario Praz era stato il primo nome a creare un legame tra me e Roberto. All'epoca leggere i libri di Praz veniva considerato snob, Calasso invece vedeva nel critico e docente di anglistica e letteratura comparata soprattutto l'uomo che lo aveva seguito durante i suoi studi, oltre che l'autore di cui nel 1995 aveva pubblicato e curato il libro *La casa della vita* – una descrizione dettagliata del suo appartamento con i mobili in stile Impero, l'arredo degli interni, i ventagli o i *conversation pieces*, una casa che era cresciuta insieme a colui che la abitava fino a diventare un "museo vivente". Durante la visita all'appartamento di Palazzo Primoli, dove Praz trascorse gli ultimi tredici anni della sua vita, mi sentivo in un luogo pressoché sacro. Provavo il desiderio di aprire di nascosto insieme a Roberto i cassetti di una scrivania o di prendere in mano un uovo di struzzo, togliendolo dal suo supporto di bronzo, e sedermi sotto l'arco della libreria bianca e oro. Lentamente, passavo da un quadro all'altro, da un mobile all'altro, e fui attratta da un biglietto d'auguri austriaco su cui si vedevano due colombe che coi loro beccucci si sbaciucchiavano tra rami di fiori perlacei. Sul biglietto c'era scritto: "Nulla può offuscare il cielo della nostra vita, se come quello di costoro è indissolubile l'amor nostro".

Quando uscimmo di nuovo in strada, la pioggia era diminuita, nel cielo le nuvole scivolavano come lunghe e fragili strisce di tessuto e l'orlo della gonna dietro di me, per via delle pozzanghere, diveniva sempre più umido e pesante.

Roberto non seguiva alcun precetto ecclesiastico, ma in qualsiasi città ci trovassimo visitava sempre le chiese, accendeva candele davanti agli altari e si ritirava nel silenzio della preghiera. «Non è forse l'India, questa? L'India del Sud?» esclamò, quando alzammo lo sguardo verso la cupola illuminata di Sant'Ivo alla Sapienza.

Nella chiesa parrocchiale di Santa Maria in Via bevemmo acqua santa da un bicchiere di plastica. In *Esercizi di ammirazione*, Cioran parla del "lato delfico" di Saint-John Perse. Se c'è mai stato qualcun altro dotato di un lato delfico, e all'eccesso, quello era Roberto, la cui vita gravitava, con vigile rispetto, intorno all'invisibile. Il suo culto, tuttavia, non era rivolto a un unico dio, ma al divino in sé, antico come la natura e fiamma eterna del nuovo. L'aspirazione a soggiornare vicino all'ignoto e a circoscriverlo con le parole portò Calasso alla convinzione che la visione secolarizzata del mondo avrebbe condotto a una crescente mancanza di relazione con il mistero del divino. Roberto non era in attesa di un nuovo dio, come Nietzsche, ma riteneva sufficiente rinnovare la memoria degli antichi dèi, strapparli all'anonimità del moderno, far uscire alcuni di loro, come il dio vedico Rudra, dall'oscurità del passato e onorarli, raccontando le loro vecchie storie come se fossero avvenute solo pochi giorni prima.

«Che camicia mi metto? E quale cravatta?» mi chiese quando, tornati nella stanza d'albergo, lui si preparava per un ricevimento a Palazzo Madama.

Con un senso di oppressione allo stomaco e un sentimento di umiliazione perché a breve sarei stata lasciata sola, mi ero seduta in bagno su uno sgabello di legno laccato bianco e osservavo Roberto mentre si radeva, come fa un uomo che guarda una donna che si trucca.

Serate come questa mi mostravano gli ostacoli che dovevo superare in modo più concreto rispetto a quando eravamo separati e sapevo che usciva in compagnia di sua moglie. D'un tratto la mia felicità piena di speranze si schiantava contro il pericoloso scoglio della realtà, che gli amanti sono così bravi ad aggirare.

Non appena la porta si chiuse alle sue spalle, mi sentii paralizzata. Mi sdraiai sul letto e ripensai alle frasi che gli avevo detto nelle ultime ore, persuasa che possedessero una certa grandezza intellettualmente seducente, a tratti persino un tocco di superiorità. A occhi chiusi ripercorsi le scene del tempo trascorso con Roberto, che galleggiando nella mia mente salivano come bolle di sapone nell'aria.

Come avrei fatto a superare questa serata solitaria a Roma? Forse dovevo andare al cinema? Avrei preferito non uscire dalla stanza, sdraiarmi sul letto come se fossi nella cabina di una nave e andare a passeggio dietro le palpebre chiuse, senza mettere il naso fuori. La mia immaginazione, come una cameriera, non avrebbe comunque mai smesso di offrirmi scene di felicità sempre nuove. In questa stanza, circondata dalle cose che appartenevano a Roberto, mi sentivo meno sola di quanto lo sarei stata in un ristorante affollato.

Dopo la separazione da mio padre, il senso di abbandono e il conseguente smarrimento parevano doversi ripresentare sempre, come se ogni mio amore per un uomo dovesse sottostare alla legge di queste dolorose ripetizioni. «È una cosa che adesso devi affrontare da sola» mi disse mia madre al telefono. «Sei grande ormai. Non posso più aiutarti.»

Non ci sarebbe stata felicità per me, finché non fossi stata di nuovo accanto a Roberto, ma dovevo fare qualcosa che lo impressionasse un po', qualcosa che mi avrebbe affrancata dal ruolo della donna abbandonata. Perciò decisi di andare a mangiare fuori.

Nelle vicinanze di Campo de' Fiori, mi sedetti in una piccola e calda trattoria e tirai fuori il mio libro, che tenevo in mano come un emblema, senza leggerlo davvero, poiché nella mia mente seguivo con sguardi gelosi Roberto al ricevimento di Palazzo Madama: un nome che alle mie orecchie suonava mozartiano. Nella mia immaginazione il ricevimento era di un incanto che gli ospiti, in realtà, non sarebbero mai stati in grado di creare. Mangiando un ossobuco e bevendo un quartino di vino bianco, partecipavo a una serata di un tale splendore che per eleganza e originalità sicuramente superava di molto il ricevimento vero e proprio. Mille volte più degli invitati, alcuni dei quali erano forse annoiati, altri tormentati da sentimenti di invidia o preda dell'insicurezza, e se ne stavano in piedi accanto al buffet, quella sera fui io a partecipare al ricevimento a Palazzo Madama con un'intensità di cui tutti gli ospiti avrebbero potuto essere invidiosi. Mi vedevo camminare tra gli abiti da sera e gli smoking con il mio lungo vestito nero, accanto a volti che irradiavano un'allegria e una spensieratezza che i mortali conoscono solo nel fiore della giovinezza. Dalle donne che immaginavo Roberto incontrasse, attraversando le sale del palazzo, imparai molto sull'eleganza, dato che ero io a vestirle con abiti indossati da signore che avevo in precedenza incrociato. La mia fantasia metteva loro sulla spalla borsette di velluto di Yves-Saint Laurent, le dotava di scarpe di vernice nera e di gonne di taffetà rosso prugna. Quante cose imparai da queste donne mai incontrate! Mi bastava sapere che Roberto andasse a un ricevimento a cui non erano invitati solo uomini per vedere nelle creature femminili che vi avrebbero fatto la loro comparsa le più eleganti bellezze d'Italia, anche se era la mia fantasia ad abbigliarle.

Erano le undici e un quarto quando il cameriere mi portò al tavolo una sambuca, fuori aveva ricominciato a piovere a dirotto, e io, felice che quelle ore fossero finalmente passate, feci chiamare un taxi per ritornare all'Hassler.

«Duecentonove, per favore!» dissi al portiere dell'albergo.

«Il signore è già in camera!»

Non appena seppi che Roberto era già arrivato, ogni sentimento di gelosia e invidia abbandonò il mio corpo e tutto in me prese a spumeggiare, come se nel mio petto fosse appena saltato un tappo e le bollicine della spensieratezza mi fossero salite alla testa. Quando bussai alla porta l'esuberanza era ormai incontenibile.

«Entra! Ero terribilmente preoccupato e ti ho immaginata in un qualche cinema di periferia! Sono tornato qui alle undici in punto, e mi si è quasi fermato il cuore quando il portiere mi ha consegnato la chiave. Mio Dio! Dove sei stata? Racconta!» esclamò Roberto eccitato quando aprì la porta.

Nel vederlo, le quattro ore appena trascorse si trasformarono in un ricco materiale per un lungo racconto.

«Da tempo non passavo una serata così bella!» mentii, raggiante. «Ho mangiato ossobuco e bevuto vino bianco, ho letto e scritto, mi sono fatta raccontare dai camerieri la loro vita e ho ballato con il tassista sotto la pioggia!»

Ridendo mi gettai sul letto.

«Che donna intelligente! Avrei dovuto sapere che di te ci si può fidare. Non saresti mai andata al cinema da sola!»

«E tu?»

«Noia. Una noia infinita! Voci nasali, discorsi interminabili! L'unica persona con cui ho parlato è stato Eugenio Scalfari. Quando qualcuno ha esclamato "Che bella bionda!" non osavo girarmi, ma poi l'ho fatto e ho tirato un sospiro di sollievo: la bionda era bella, ma non eri tu!»

In quel momento mi sentivo proprio come scrive Calasso in *K.* a proposito della piccola stanza delle cameriere del Castello, quando dice che è più allettante raccontarsi in questo minuscolo spazio storie sul mondo piuttosto che frequentarlo davvero. La stanza notturna ci avvolgeva come un salotto su un palcoscenico, dove due attori recitano una coppia di innamorati seduti in poltrona l'uno di fronte all'altro, impegnati in incantevoli dialoghi teatrali che riguardano la vita che sta al di là del palcoscenico. Ci si alza allora come un personaggio di Čechov, si va alla finestra e la si apre come se non desse sulla strada, ma su una quinta nera.

Accoglievo le osservazioni di Roberto sul ricevimento con un'avidità abissale. Dentro di me scrutavo con la lente di ingrandimento ogni sua parola e la fantasia si riaccendeva. Avrei tanto voluto sapere di più su Giulio Einaudi o Inge Feltrinelli, i cui nomi erano circondati da uno splendore così abbagliante che chi li portava finiva per apparire un'ombra. Avrei voluto sapere che cosa indossavano, cosa avevano detto, ma Roberto era restio a rispondere alle mie domande.

Il giorno successivo, uno dei nostri giri ci portò in via Condotti per comprare uno specchio da borsetta. Roberto aveva scoperto in bagno che il mio era incrinato e mi aveva subito domandato: «Quando è successo?», mentre per scaramanzia lo teneva sotto l'acqua corrente, pregandomi di fare lo stesso prima di gettarlo nel cestino. «Dobbiamo comprarne uno nuovo! Pensa se non avessi scoperto questa cosa! Avresti continuato a vivere con uno specchio rotto!» In seguito, ho letto che gli specchi, in particolare quelli a mano, sono emblemi di verità. In Cina fungono da allegoria della felicità coniugale e hanno il potere di allontanare influssi demoniaci. Sapeva Roberto che lo specchio è anche un simbolo dei Gemelli, che incarnano tesi e antitesi?

Già a Londra alcune parole e alcuni gesti di Roberto avevano cominciato a germogliare dentro di me. Nel corso degli anni, scene come quella dello specchio mi hanno segnato, al pari di altri suoi tratti scaramantici che ormai fanno parte del mio essere, poiché un lungo amore, dopo la conquista, è anche appropriazione della psiche dell'altro.

Dopo aver acquistato uno specchietto tondo di metallo dorato, Calasso mi portò in via Giulia, dove si trovavano i negozi di antiquariato che Mario Praz aveva sempre frequentato. Mi mostrò una drogheria dove suo padre e Mario Praz a volte si incontravano e l'appartamento di Bazlen in via Margutta. Andammo anche in via Gregoriana, dove un tempo c'era lo studio di Ernst Bernhard.

Ernst Bernhard, nato nel 1896 a Berlino da una famiglia ebrea con radici nell'Europa centrale, nel mondo dell'Impero austro-ungarico, studiò medicina, divenne medico e lavorò come psicoanalista. Si sottopose all'analisi freudiana per passare in seguito a quella junghiana e diventare allievo e collaboratore di Carl Gustav Jung, di cui affinò le teorie, dedicandosi alla teosofia, all'astrologia e alla chiromanzia, interrogando ripetutamente *I Ching*, il *Libro dei Mutamenti*, testo che anche per Bazlen e più tardi per Calasso diverrà fondamentale.

In seguito all'entrata in vigore delle leggi razziali, Bernhard si trasferì con sua moglie a Roma, dove a partire dal 1938, durante il regime fascista, subì molte restrizioni nell'esercizio della sua professione. Nel 1940 venne arrestato e imprigionato per un anno in un campo di concentramento in Calabria. Tornato a Roma, durante l'occupazione nazista visse in clandestinità fino a quando, dopo la fine della guerra, poté riprendere a svolgere il suo mestiere di psicoanalista.

Nei racconti di Roberto, la figura di Bernhard era sempre in ombra rispetto a quella di Roberto Bazlen, per quanto l'influenza di questo psicoanalista su Adelphi sia stata profonda. Per un certo periodo, Foà e Bazlen avevano addirittura pensato di pubblicare un'antologia di studi di psicologia che avrebbe incluso *Memorie di un malato di nervi* di Daniel Paul Schreber, poi uscito per Adelphi nel 1974 a cura di Calasso, il cui primo romanzo, *L'impuro folle*, riguardava proprio il caso Schreber.

Alla figura di Bernhard, alla cui influenza va ricondotta la passione per i temi psicoanalitici e per la dimensione del fantastico, si deve anche l'interesse per le religioni e le filosofie orientali, che costituiscono un filone nevralgico non solo nel programma editoriale, ma altresì nell'opera di Calasso. Al punto di vista esplicitamente religioso di Ernst Bernhard vanno fatte risalire le ragioni della singolare confluenza di libri di ispirazione religiosa pubblicati da Adelphi: testi che spaziano dal chassidismo di Martin Buber al cristianesimo del gesuita Jean-Pierre de Caussade, dal Bhakti Yoga al taoismo, dall'induismo al buddismo, una concatenazione che costituisce un filo rosso all'interno del catalogo. Il piccolo libro di Jean-Pierre de Caussade sulla divina provvidenza non è forse affine alla saggezza cinese, al Tao Te Ching e Chuang-tzu?

All'imbrunire andammo alla chiesa di San Clemente senza che Roberto lasciasse un attimo la mia mano. Arrivati, scendemmo sottoterra per gradini consunti, seguendo un gorgoglio dolce e mormorante, finché non scorgemmo un bacino d'acqua verde alga. Qui, dove si trovano i resti di un tempio dedicato al dio Mitra che risale al II secolo a.C., regnava la luce di un altro mondo. L'aria odorava di pietra umida e muschio. Roberto gettò una moneta nella vasca e io feci lo stesso. Ai miei occhi il culto di Mitra, proclamato da Aureliano religione di stato, era qualcosa di remoto, per Calasso invece non risaliva così indietro nel tempo. Nella *Rovina di Kasch* si legge che ogni teoria occidentale della legittimità soffre di un difetto: non conosce le acque dell'origine, ma la ricerca delle origini, come scrive Cioran a proposito di Roger Caillois, è la più importante che possiamo intraprendere. Roberto aveva un'ossessione per gli inizi, per i mondi precedenti all'uomo, per il mistero, che è più misurato, più esteso e più solenne del destino di una specie transitoria. Sentiva l'urgenza di cercare non solo al di là dell'umano, ma anche del divino, il nucleo da cui è emerso *ciò che è*. I suoi libri ruotano attorno al non detto che non potrà mai essere detto, all'indeterminato che sfugge per sempre alla definizione.

Nel tempio ci sedemmo su una sporgenza del muro. L'architettura di questo sito ipogeo, ricoperto di muschio e ornamenti geometrici, ci metteva in contatto con il mondo di Artemide, boscoso e risonante di sorgenti d'acqua. L'ammaliante gorgoglio agiva con forza su di me. Come sotto l'effetto di una leggera droga percepivo la luce verdastra di questo luogo occulto in cui l'aria, nel corso dei secoli, si era assottigliata assorbendo il carico di preghiere pagane e cristiane. Roberto mi fece notare che la mia attrazione verso l'acqua era già contenuta nel nome che porto, le cui radici rimandano all'antica parola greca *catarsi*. Risalendo in chiesa, in una nicchia che si trovava in alto sul muro della scalinata scoprimmo la piccola bianca figura in pietra di una Madonna senza testa. Come il gorgoglio dell'acqua, anche la piccola statua ci parlava.

Come era accaduto nella biblioteca di Londra e nell'appartamento di Mario Praz, immaginai di essere sola con Roberto in questa chiesa, entrambi dimenticati dai domenicani irlandesi, in compagnia soltanto degli animali dentro i mosaici della cupola absidale. Penetrando tra i rami e le foglie degli alberi, vedemmo cervi abbeverarsi alla fonte della vita, cicogne, pavoni e pecore, uccelli che dispiegavano ali turchesi, e poi monaci, apostoli e angeli, anch'essi racchiusi nell'ornamento. Ci immergevamo sempre più nelle profondità del paradiso, con il fermo sentimento che all'essere umano il cielo non è precluso.

Di fronte agli affreschi di Masolino, Roberto mi raccontò di santa Caterina, che ad Alessandria difese gli insegnamenti cristiani al cospetto di cinquanta filosofi, e di come avesse convertito l'imperatrice Faustina per poi essere condannata a morte dall'imperatore Massenzio. Come una giovane donna romantica raccoglie fiori, sassi o conchiglie, io raccoglievo le parole che Calasso mi diceva, le impressioni che provavo al suo fianco.

Da San Clemente ci dirigemmo al Colosseo. Lungo la strada, nel negozio di alimentari Strizzi e Cesqui, un nome che non avrei mai notato se Roberto non ne fosse stato entusiasta, comprammo pane, formaggio e olive che volevo portare a Mornaga, spinta dal desiderio di tenermi stretta l'aria di Roma e i giorni trascorsi lì. «Vi invidierò domani sera!» disse Roberto, deliziato dal piacere sensuale che provavo per il pane e il formaggio, da come assaggiavo le olive e mi facevo porgere pezzi di formaggio oltre il bancone, dietro il quale nel frattempo si era radunata l'intera famiglia Strizzi e Cesqui.

Non lontano da San Clemente ci sedemmo sotto un ombrellone davanti a un bar. Non avevo mangiato nulla per tutto il giorno e mi sentivo leggera come un giglio. Roberto andò a prendere due sottilissimi tranci di pizza e un Campari per entrambi, e ci mettemmo a guardare i passanti. Una signora con mantella e cappello di plastica rossi, una donna miope con occhiali dalla montatura nera e lenti spesse, dietro le quali gli occhi apparivano lontani e sfocati. All'improvviso iniziò a piovere e grandinare. Avvicinammo le sedie e ascoltammo il ticchettio dei pezzi di ghiaccio sopra l'ombrellone.

«In questo quartiere, per pochi soldi, si può ancora comprare una casa grande. È il nostro quartiere, con il nostro bar, con Strizzi e Cesqui! Dovrei acquistare una casa qui, per noi! Roma è la tua città e questo è il nostro quartiere!» si entusiasmava Roberto. Ci figuravamo la nostra vita in una delle case di quella via, sotto la grandine. Ma io provavo solo il malinconico desiderio dell'irrealizzabile. Sapevo che non saremmo mai arrivati a tanto. Di colpo mi accorsi che era sparita la busta con le cartoline e il libretto su San Clemente. Ci alzammo di scatto e ci mettemmo alla ricerca, camminando su e giù per la strada, lui da un lato e io dall'altro, come se avessimo perso la chiave della nostra felicità. Proprio quando stavamo per arrenderci, Roberto scoprì la busta bianca sotto una macchina. L'acquazzone non l'aveva bagnata! Al suo interno era custodita anche una cartolina con l'immagine di santa Caterina. Roberto era raggiante di felicità.

In tarda serata scendemmo per la scalinata di Piazza di Spagna e andammo Da Nino. Al tavolo accanto a noi era seduto un giornalista dell'"Espresso". Ordinammo tonno con fagioli e carciofi e una bottiglia di vino rosso. Non ricordo più quale vino avesse scelto, ma Roberto aveva una predilezione per il Dolcetto.

Durante la cena mi raccontò dei suoi anni romani, di come a dodici anni la mattina venisse accompagnato a scuola da un autista e al pomeriggio giocasse a biliardino. Sosteneva di essere stato un bambino arrogante e taciturno, piuttosto avido di denaro e sempre ben vestito. Di tanto in tanto interrompevamo la nostra conversazione per ascoltare ciò che si diceva agli altri tavoli.

La mattina dopo, durante il tragitto verso l'aeroporto che per me significava già l'inizio della nostra separazione, il paesaggio con le sue pianure, i campi e una villa rossa che brillava tra le palme e gli eucalipti mi sembrava africano. Gli proposi di non sentirci più al telefono se non in un giorno fisso della settimana, il lunedì o il venerdì. Come ogni donna, sapevo anch'io che tirarmi indietro era il modo più sicuro per legare Roberto a me, per accrescere la sua nostalgia grazie al dolore della separazione silenziosa. Sì, dopo il nostro addio mi sarei avvolta nel silenzio, perché, come sapeva anche Proust, non esiste migliore invito ad avvicinarsi a un'altra creatura della cosa stessa che ti separa da lei, e quale barriera è più insormontabile del silenzio?

«Così il venerdì mi racconti cosa hai fatto durante la settimana.»

In aereo tirai fuori dal pacchetto pane, olive e formaggio, disponendo tutto sul tavolino pieghevole.

«Il venerdì?» chiese mentre ci salutavamo.

«Sì, sempre di venerdì!»

La sera stessa squillò il telefono, ed era solo martedì.

***

L'inverno volgeva al termine quando, un sabato mattina durante il Carnevale, a Desenzano salii su un treno per Venezia, dove, alla stazione di Santa Lucia, finii in una folla di maschere: una circostanza che conferì al mio arrivo un che di teatrale e al mio umore una nota turbinosa. La lunga separazione da Roberto mi aveva così logorato e resa insicura che, andando verso l'Hotel Europa, ad accompagnarmi era il dubbio se ci saremmo davvero rivisti, dato che il giorno precedente mi aveva chiesto di non lasciare Desenzano prima delle undici, nel caso in cui, nel frattempo, fosse successo qualcosa e il nostro incontro a Venezia non potesse avere luogo. Non mi usciva dalla mente il pensiero che questo "nel frattempo" poteva significare solo che Roberto, a cui attribuivo grottesche manovre diversive, a Venezia stesse incontrando un'altra donna, che nelle mie fantasie sospettose associavo alla figura femminile di una poesia di Iosif Brodskij.

«È sicuro che il signor Calasso oggi arriva?» domandai al portiere dell'Hotel Europa, che parlava a bassa voce nel colletto della sua camicia. Davanti a lui trovavo la mia situazione imbarazzante.

«La prenotazione è stata confermata, signorina.»

«Il fatto è che non sono nemmeno sicura di passare

la notte qui» continuai rivolgendomi al portiere, quasi implorandolo di assicurarmi che ero attesa e che naturalmente avrei passato la notte all'Europa. Intanto, gli porsi esitante il mio passaporto, con la sensazione che sapesse tutto di Calasso e della sua vita amorosa e che vedesse in me solo una delle tante donne che trascorrevano una notte con l'editore in questo albergo.

«Quando arriva, la prego di non dirgli che sono qui» chiesi al portiere. «E posso lasciare qui la borsa fino al mio ritorno?»

Finché non sapevo se e quando Roberto sarebbe arrivato a Venezia, volevo fare una passeggiata. Fedele alle idee che avevo allora sulla vita, per il viaggio veneziano avevo di nuovo indossato la pelliccia siberiana, che a poco a poco stava cadendo a pezzi. Avvolta in quella pelliccia la mia figura poteva evocare il viaggio in carrozza di Lola Montès oltre le Alpi, una certa atmosfera da teatro di varietà, per cui Roberto aveva un debole, tanto quanto per l'eleganza classica e austera. Al pari di una malata che prova vari farmaci, all'epoca provavo ruoli femminili diversi. Una volta ero l'attrice Danielle Darrieux, un'altra cercavo di sorridere come Meryl Streep. Un abito indossato per Roberto non era altro che il sipario che si alzava su un nuovo atto di questa storia. In verità, la giovane donna truccata, con la pelliccia e i tacchi alti, non aveva nulla in comune con la ragazza tormentata da dubbi e paure che nel suo intimo aveva nostalgia di persone del calibro di un Čechov o di un Flaubert. Giudizi negativi come "eccessivamente truccata", "carica di gioielli" o "agghindata in modo eccessivo", di conseguenza, suonavano al mio orecchio come indizi del fatto che proprio dietro a un volto pesantemente truccato potesse nascondersi un animo sensibile.

Come lo sperone per il cavallo da corsa, a spingermi erano eccitazione e attesa. L'eco ritmata dei tamburi nelle calli aumentava il battito del mio cuore e la sensazione di procedere verso qualcosa di indefinito calcando un palcoscenico, circondata da una folla di gente in costume, dalle cui maschere filtravano lingue di tutto il mondo.

Come sospinta dal vento che mi soffiava alle spalle, lasciato San Barnaba camminai per una calle lunga e stretta finché non mi venne più nessuno incontro. Cercai la chiesa di Santa Maria dei Carmini, dove c'era un dipinto di Cima da Conegliano: *Adorazione dei pastori con i santi Caterina d'Alessandria, Elena, l'arcangelo Raffaele e Tobiolo*. Avendo a disposizione una quantità opprimente di tempo, mi avvicinai al quadro e lo esaminai con attenzione, cercando nel silenzio di questa chiesa conforto e materia per un racconto. Nella tela sono raffigurati anche un cane, che mi ricordava il mio Gogol, e un ragazzo addormentato sul ciglio di un pendio che in sogno pare ascoltare il padre che suona il flauto all'ombra di un albero. Mentre scrutavo la fortezza deserta con il suo castello, nell'incertezza se Roberto sarebbe mai comparso a Venezia, calcolavo il tempo che avrebbe impiegato con un taxi per arrivare dalla stazione all'Hotel Europa. Tra ciò che coglievo nel dipinto di Cima da Conegliano e l'agitazione che si stava impadronendo del mio stomaco, si insinuarono un'infinità di altre immagini. Davanti ai miei occhi vedevo la pesante borsa marrone di Roberto sollevata e sistemata su una barca, il suo sguardo che la seguiva dietro gli occhiali da sole neri, lui che entrava in albergo e il portiere che gli sorrideva con aria complice.

Tornando indietro per Campo San Barnaba, camminavo sui coriandoli e mi facevo largo tra i costumi in poliestere con un senso di superiorità: presto infatti avrei imboccato lo stretto vicolo dall'altra parte del Canal Grande che, nel risuonare dei miei passi affrettati, mi avrebbe condotto all'Hotel Europa, silenzioso e freddo come il marmo.

Ricordo ancora come il portiere annunciò al telefono: «La signorina sta salendo!», mentre io, nella mia pelliccia, consapevole di continuare a tessere la trama della favola iniziata a Francoforte di cui ero protagonista, entravo nell'ascensore accompagnata da una bionda impiegata dell'hotel, che mi condusse all'ultimo piano attraverso un corridoio e una scala piccola e stretta, fino alla "demi-suite" 627, un numero che, come mi avrebbe spiegato Calasso, sommando le singole cifre dà 15, come il numero dei capitoli di *Ka*.

Quando entrai in camera, Roberto si inginocchiò davanti a me con un bicchiere di Coca-Cola in mano, come un servo devoto, cosciente della sua colpevolezza. Ora sapevo con certezza che non c'era nessuna Michelina o Clementina ad aspettarlo in qualche appartamento di Venezia. Tutta la mia apprensione si sciolse, ogni sospetto sparì. In quella suite all'ultimo piano, dove soggiornava l'Aga Khan quando veniva a Venezia, un mazzo di gigli le cui corolle sembravano di plastica diffondeva una fragranza dolce. Come un portagioie d'altri tempi, la camera da letto aveva le pareti ricoperte da una carta da parati in cangiante seta rosa. Dava su una terrazza di legno con vista sulla Giudecca, San Giorgio Maggiore e sulla chiesa di Santa Maria della Salute, che con le sue statue di santi e le sue volute ricordava una giostra di pietra.

Non appena la porta si chiuse alle nostre spalle, la suite 627 divenne un piccolo regno di felicità. Immersi in un'aria già primaverile, i suoni che salivano dal Canal Grande, le voci dei gondolieri o il rumore dell'avanzare lento dei motoscafi penetravano nelle stanze sospese così in alto su Venezia attraverso la portafinestra aperta sulla terrazza e nella mia immaginazione mi trascinarono come un'onda in piena a Benares, sorella indiana della città lagunare. Ancora una volta sentii che la quintessenza della felicità doveva essere racchiusa in un viaggio in India insieme a Roberto. Senza di lui, queste due camere d'albergo sarebbero state solo eleganti stanze con vista sul Canal Grande, ma la sua presenza le trasportava nei pressi delle rive del Gange.

«Mi rende così felice averti finalmente di nuovo con me! Quante cose sono successe nel frattempo!» disse Roberto.

Sì, nel frattempo erano successe molte cose: Iosif Brodskij era morto nel suo appartamento di New York il 28 gennaio 1996. Quando Roberto quella sera mi aveva chiamato dicendomi: «Brodskij è morto», avevo riattaccato sconvolta. Viktor Krivulin scrisse all'epoca: "Ci sono persone insieme alle quali muore un'epoca intera. A noi è toccato di vivere una cosa del genere. La Russia sta cambiando e insieme alla Russia sta cambiando l'Europa. Sta cambiando il ruolo della poesia nella vita delle persone". Brodskij! Negli anni precedenti, questo nome aveva avuto per me un peso molto maggiore di quello di Calasso. Di Brodskij avevo letto *Fon-*

damenta degli Incurabili e le memorie della sua infanzia a San Pietroburgo.

Arrivato da Parigi, il 29 gennaio Roberto era in procinto di partire per New York, da dove fece ritorno il 5 o 6 febbraio. Al telefono mi raccontò che il giorno della morte di Brodskij era stato invitato a una cena seduta all'Hotel Ritz, dove a quanto pare, fino a poco prima del suo arrivo, davanti al suo piatto c'era un bigliettino con la scritta *Mr Brodskij*. Il poeta russo era stato il secondo migliore amico di Roberto, un'anima gemella, come mi disse una volta.

Tornato da New York, Roberto si era subito recato a Roma, dove aveva trascorso una serata con la famiglia Beckmann e i coniugi Brendel. Non conoscevo il pianista, sapevo però che era entusiasta della biografia di Schubert scritta da mio padre. Brendel, mi raccontò Roberto, quella sera aveva sostenuto che non appena arrivava in Italia lo afferrava la sensazione che gli venisse a mancare il terreno sotto i piedi e lo stessero truffando, e infatti appena uscito di casa era divenuto il bersaglio di una zingara che cercava di vendergli una rosa rossa per una somma spropositata! Dopo settimane di solitudine e nostalgia le storie di Roberto parevano provenire da un altro pianeta. Il suo racconto, ora, virò verso la descrizione di un misterioso Mister Pearl, che aveva incontrato durante un'altra cena a Roma. Questo Mr Pearl, ma il suo vero nome era Pearlstein, aveva discusso con Roberto le "cose essenziali", per poi alzarsi all'improvviso e andare via. Dopo Mr Pearl, Roberto passò a descrivere una notte trascorsa nell'appartamento di sua madre, durante la quale aveva letto Lichtenberg e in uno dei taccuini del padre si era imbattuto in una domanda che lui aveva posto al genitore a tre anni: "In paradiso esiste il cielo?".

Forse all'epoca non me ne rendevo conto, però disponevo di tre mezzi per affascinare Roberto: la mia passione per la letteratura, la mia vita a Mornaga e la mia bellezza. Ogni qual volta si presentasse l'occasione, gli raccontavo dei libri che avevo trovato nella biblioteca di casa. Tutte le volte che me lo domandava, gli riportavo aneddoti dell'esistenza un po' anarchica nella proprietà sul lago, che lui ascoltava con una curiosità sempre viva, poiché la mia vita continuava a interessarlo, così come io ero attratta dalla sua. E ogni qual volta fossi in sua compagnia, tentavo di tirare fuori tutta la bellezza che potevo, poiché la premessa di ogni viaggio con lui era che dovevo essere la più bella. Sapevo quanto gli piacesse il fatto che mi facevo notare ovunque. Non poteva entrare insieme a me in un caffè o in un ristorante senza che attirassi gli sguardi degli uomini e delle donne. Quando mi diceva: «Sei bella, Katharina», tutto in me ritrovava il suo equilibrio.

Dopo un bagno caldo, dedicai molto tempo al trucco, senza essere tormentata dalla cattiva coscienza che i miei antenati protestanti mi costringevano a provare quando stavo davanti allo specchio con la concentrazione di Artemide nell'atto di tendere la corda del suo arco e, come una cavallerizza spazzola il mantello del suo cavallo, pettinavo i miei capelli per renderli forti e lucenti. Armata di pennello, kajal e rossetto, mi mettevo al lavoro per trasformare in realtà qualcosa che avevo evocato in sogno. La mia vanità era una colpa? O era una santa protettrice che guidava i miei passi verso la meta che mi ero prefissata? In ogni caso, all'epoca sentivo come ogni tocco di pennello suscitasse in me correnti di felicità. Truccarsi è un'attività molto più seria di quanto generalmente si pensi. Il destino di una donna può dipendere dal luminoso rosso ciliegia che brilla sulle sue labbra mentre porta alla bocca un bicchiere di whisky in un bar, senza minimamente immaginare che di lì a qualche istante quel rosso attirerà nella sua vita il signore seduto al tavolo accanto.

Dato che ciò che più ardentemente desideravo era entrare in stretto contatto con il mondo di Roberto, ci tenevo molto a fare una buona impressione sul suo migliore amico, Enzo Turolla. Conoscerlo aveva per me un valore altissimo. Nessuna delle persone che incontravo in compagnia di Roberto mi era indifferente, men che meno il suo vecchio amico d'infanzia, uno dei pochissimi uomini con cui Roberto – che a stento riusciva a reprimere gli sbadigli non appena era in società – non si annoiava. Questo incontro con il suo amico corrispondeva in un certo senso alla mia prima apparizione pubblica in Italia. La mia posizione di amante rendeva complicato qualsiasi incontro con i suoi amici o dipendenti, e mi costringeva a dimostrare di non essere un amore passeggero ma qualcosa di simile a una parente spirituale di Roberto.

«I capelli li raccolgo in alto oppure no?» gli chiesi.

«Raccolti in alto!»

«Metto una rosa nera oppure no?»

«Rosa nera!»

Sottoposi la mia figura a un minuzioso esame, come se la persona allo specchio fosse un manichino a cui dovevo lavorare nel minimo dettaglio finché non fosse stato perfetto. La moda è una meravigliosa e spesso dignitosa menzogna su chi siamo.

Enzo Turolla ci aspettava all'Harry's Bar. Era un uomo di statura media, sottile e scuro di capelli, "un lettore instancabile, timido, pauroso e insicuro come pochi altri" aveva detto Roberto di lui. Nei suoi occhi, nascosti dietro gli occhiali, si avvertiva una curiosità quasi nervosa e infantile, e le osservazioni taglienti che uscivano dalla sua bocca, in cui i piccoli denti erano attaccati gli uni agli altri, avevano spesso un gusto beffardo. Era nipote di un famoso filologo e insegnava a sua volta storia della critica letteraria all'Università di Padova. Con Roberto, che lo aveva descritto come il più straordinario lettore che avesse mai incontrato, Turolla condivideva l'amicizia con Roberto Bazlen, Elémire Zolla e Pietro Citati. *La Folie Baudelaire* è dedicata a lui. Di tanto in tanto Turolla scriveva anche per le pagine culturali del "Corriere della Sera". Pubblicò inoltre alcuni saggi su Ariosto, ma mai un libro suo, motivo per cui a Calasso ricordava certi professori di Oxford che in tutta la loro vita scrivono solo una mezza dozzina di articoli. Per Adelphi ha tradotto *Nietzsche e il circolo vizioso* di Pierre Klossowski. Enzo era un fumatore incallito e aveva un gatto di nome Bisou.

Ci sedemmo a un tavolo vicino alla porta d'ingresso e Roberto ordinò tre Martini. Lasciai vagare il mio sguardo sugli avventori in maschera mentre i camerieri accaldati, con un'espressione severa per non dire spietata sul viso, andavano avanti e indietro tra i tavolini.

Poiché da tempo la moda sportiva era diventata un punto fermo per quasi tutte le donne del nostro pianeta e sembrava ormai che la maggior parte di loro appartenesse a un unico club mondiale di fitness, si percepiva quanto fosse inusuale per le signore costrette dentro costumi da nobildonne veneziane vedere balze di tessuto che dal loro girovita ricadevano fino a terra. Attraverso tutti quei volant e tutti quei pizzi in tessuto sintetico, si riusciva a cogliere come le donne mascherate ritrovassero le regioni più recondite della loro natura femminile, come scoprissero dentro di sé le varianti più civettuole che solo quell'abbigliamento portava alla luce. Maschere e costumi non ci permettono forse questo accesso alle diverse nature, spesso nascoste, che sono in noi? Per gambe abituate a starsene infilate in leggings, jeans o pantaloni della tuta, la sensazione provocata dal fluttuare di lunghe bande di tessuto può essere una scoperta.

In questo bar, tra le cui basse pareti si sono concentrati per decenni la fame di potere e d'amore nonché lo spirito del denaro e la curiosità per il pettegolezzo mondano, si sono consumati tutti i drammi dei sette peccati capitali; in questa Babilonia in miniatura di Calle Vallaresso, davanti alla cui porta d'ingresso il cuore di ogni passante vagamente snob comincia a battere un po' più forte, una bella donna sente di essere nel posto giusto. Nell'aria calda, satura dell'odore di scampi, Martini e profumi, niente la diverte di più che sollecitare la curiosità degli ospiti ai tavoli o mettere in ombra un'altra *beauté* seduta vicino. Stare tra i due amici e attirare gli sguardi altrui procurò quindi anche a me il massimo piacere.

Quando infilai il tovagliolo nella scollatura del mio abito, come avevo visto fare in un film con Jean Gabin, Enzo tirò un sospiro di sollievo e compiendo lo stesso gesto osservò: «Allora ho anch'io il permesso? Sa, la mia bella cravatta...».

Roberto era visibilmente orgoglioso che Enzo sembrasse apprezzarmi, che avessi fatto sull'amico l'impressione da lui segretamente sperata. Solo ora mi rendo conto che all'epoca dovevo sembrare una bambina tra i due amici, che appartenevano a quella sorta di uomini che raggiungono già in gioventù la maturità intellettuale. Con i miei riccioli biondi e il viso rotondo, sedevo tra i due come un angelo che ha un debole per gli orecchini pendenti.

Quella sera amavo più che mai la tensione intellettuale di Roberto mentre parlava, il suo sguardo concentrato e il modo in cui osservava il suo amico e me. Interrogò Enzo riguardo a un signore che aveva conosciuto bene Brodskij, con il quale la mattina seguente, al cimitero di San Michele, avrebbe dovuto scegliere la tomba per il poeta.

Enzo e Roberto seguivano con curiosità l'arrivo di altre persone nel locale. Calasso attirò l'attenzione sull'esile schiena nuda di una signora con un cappello nero seduta al tavolo dell'ambasciatore spagnolo, in mezzo a un gruppo di spagnoli e italiani che indossavano tutti quanti cappelli neri.

«Assomiglia a una dama di compagnia di Federico il Grande» osservò. «I cappelli neri stanno a tutti stupendamente! L'ambasciatore spagnolo dà l'impressione di essere nato con il cappello! Non dovrebbe più toglierselo!»

A me non sarebbe mai venuto in mente di coprirmi il volto con una maschera di Carnevale, poiché ritenevo di non aver bisogno di travestimenti. Non mi liberavo forse ogni sera di uno dei costumi con cui, durante il giorno, avevo fatto la mia apparizione: zingara dalla gonna rossa, Venere in pelliccia o giardiniera appassionata, scambiando la recita del reale con l'irrealtà del sogno?

A un certo punto, Roberto si alzò dal tavolo ed Enzo mi chiese cosa facessi, una domanda che mi mise in imbarazzo, poiché la risposta più corrispondente ai fatti sarebbe suonata ridicola: "Pulisco ogni giorno con un fervore che rasenta la follia le stanze della casa in cui vivo, lavoro nel mio giardino in modo altrettanto maniacale e ostinato, vado qualche volta all'università, leggo incessantemente Proust e Čechov perché hanno portato la prosa ai vertici dell'arte creando opere di una densità estrema, tengo un diario e ho intenzione di diventare scrittrice". Ma alle mie orecchie anche l'affermazione "studio filosofia" o semplicemente "scrivo" pareva pretenziosa e artificiale. Se dicevo che studiavo, avevo la sensazione di mentire, e quando osavo dichiarare che scrivevo racconti, arrossivo, anche se era vero. Era come se dessi per scontato che chi domandava non mi ritenesse comunque in grado di fare seriamente nessuna delle due cose. Per Enzo, credo, era difficile valutarmi, vedere in me qualcosa di diverso da una strana bambina, piena di ardori, che per timidezza taceva e diventava subito rossa. Brescia, osservò, non era male per studiare, meglio di Milano.

Come due vedove veneziane, Enzo e Roberto scherzavano sul matrimonio tra il figlio di uno dei loro amici e una donna giovane e ricchissima che, cosa che suscitava in entrambi il medesimo entusiasmo, era tanto bella quanto intelligente. Anni dopo, la conobbi e capii perché Roberto la adorava.

«Lui ha proprio una faccia insulsa!» tuonavano, scambiandosi sguardi indignati, mentre osservavano il giovane seduto a pochi tavoli di distanza.

«Assurdo!»

«Lei è troppo bella e intelligente per lui.»

«E lui decisamente troppo primitivo per lei.»

Quella sera, Roberto parlò anche dei diari di Victor Klemperer, che non aveva voluto fuggire in Inghilterra perché si rifiutava di imparare l'inglese.

A notte fonda, dalla finestra della nostra stanza si vedeva la cupola di Santa Maria della Salute illuminata, Roberto sussurrò: «Questa è una notte tibetana».

Non domandai che cosa fosse una notte tibetana. Le sue parole rimasero tuttavia impresse nella mia mente. Una notte tibetana doveva essere una notte in cui uno stato di veglia pressoché allucinatorio si alterna ripetutamente a un leggero torpore. Comunque quella notte dormii come se le mie palpebre fossero divenute incredibilmente sottili, quasi trasparenti come ali di libellula, e in sogno vidi Iosif Brodskij arrampicarsi su alti tetti.

Alla luce dell'alba, il globo d'oro sulla Punta della Giudecca cominciava pallido a brillare. Era l'ora la cui freschezza è abitata da qualcosa di simile a un respiro divino, l'ora in cui ogni rumore risuona come un'eco dell'aldilà. La luce rosata liberò dall'oscurità la massa nera dei palazzi sul Canal Grande e, insieme al risveglio del mio corpo, sentii ridestarsi dentro di me anche le possibilità di una vita intellettualmente e socialmente eccitante che Roberto mi aveva rivelato. Quella mattina sognai a occhi aperti di essere invitata a cena a casa del misterioso Mr Pearl.

Dopo la colazione, Roberto dovette affrettarsi. L'amico veneziano di Brodskij lo aspettava alla reception.

Il dileguarsi di Calasso, come sempre quando se ne andava, mi precipitò nello spaesamento. Continuavo a pensare al tragitto in barca verso il cimitero di San Michele. L'amico di Brodskij, che immaginavo con la barba grigia e un lungo loden verde, apparteneva a quella gran parte della vita di Roberto che mi era preclusa, come una collezione di statuette di Meissen dentro una vetrina che luccicava attraente e mi invitava a infrangere il vetro per poter toccare le figure.

Il desiderio di vivere con Roberto aveva preso forma in me da così tanto tempo, probabilmente fin dalla sera al Restaurant Français, che questa nostra vita in comune la recitavo in anteprima nelle camere d'albergo, mettendole in ordine o, come stavo facendo ora, decorando i comodini con delle cartoline, sistemando accanto al letto il mazzo di fiori dell'anticamera e appendendo al lampadario la mia rosa nera di seta. Desideravo trasformare la stanza in qualcosa di simile a un nido casalingo sospeso sopra i tetti di Venezia. L'innamoramento equivale allo stato della creazione artistica. Al suo apice, l'amore è l'opera di due artisti che ambiscono alla perfezione, e nella loro estasi creativa sono in balia di profondità diaboliche e altezze divine.

In attesa del ritorno di Roberto, mi sdraiai sul grande letto con la biografia di Federico II di Kantorowicz. Questa lettura mi teneva ancora vagamente legata all'università, dove presto avrei sostenuto il mio primo e ultimo esame di storia. Tuttavia, non leggevo già più il libro con gli occhi di una studentessa, ma con lo sguardo di una giovane affascinata dall'incanto biondo della figura di Federico II, una donna che vedeva il suo passato in Germania e il futuro in Italia. Non riuscivo più a credere davvero nei miei studi, tanto ero pervasa dalla prospettiva decisamente più eccitante di una vita fuori dall'università, poiché considerando la mia esistenza futura, non mi era più possibile a questo punto strappare via da essa Roberto. Le nostre vite, le nostre anime, erano ormai intrecciate le une alle altre.

Tra un'ora o due lui avrebbe grattato come un orso alla porta e la vita sarebbe nuovamente ricominciata! Il fatto che, mentre le mie ex compagne di classe lavoravano in uffici, studi legali o altrove, io invece, una mattina di febbraio, aspettassi Roberto in una suite dell'Hotel Europa nella mia vestaglia nera, sdraiata su un letto ricoperto di raso rosa, come il personaggio di un romanzo, mi riempiva di orgoglio. Questo amore mi dava la forza di superare tutte le paure e le preoccupazioni che nascevano dalle convenzioni borghesi.

Il mio orecchio allenato sapeva ormai riconoscere da lontano i passi di Roberto. Era tornato! Quando lo sentii fermarsi davanti alla porta, balzai in piedi.

«Vestiti. Prima di pranzo facciamo una piccola passeggiata!» esclamò entusiasta.

Lasciando l'albergo, mi raccontò della gelida traversata in vaporetto fino a San Michele e di come lui e l'altro signore avessero scelto il luogo dove collocare la tomba di Brodskij, nella parte protestante del cimitero. Passammo davanti alla Fenice e a una libreria, dove Roberto trovò la prima edizione di *Padre e figlio* di Edmund Gosse, pubblicato da Adelphi nel 1965, un reperto per lui commovente che subito mi regalò.

Questo libro con la copertina verde turchese mi toccò il cuore, come qualcosa di particolarmente prezioso. La pubblicazione risale agli inizi di Adelphi. Era stato Bazlen a scoprire il testo. Grazie a questo vecchio volume arrivai a comprendere per la prima volta in concreto come i fondatori della casa editrice avessero consapevolmente lavorato per realizzare qualcosa che nella forma, nella qualità e nel colore si distinguesse dalle mode librarie dominanti negli anni Sessanta. Era uno di quei libri che, se anche avesse trovato solo dieci lettori, per quei dieci sarebbe valso lo sforzo tipografico. Così come per la pubblicazione dell'*Altra parte* di Alfred Kubin, anche per *Padre e figlio,* che dal canto suo non possedeva nessun afflato esoterico, anzi non aveva nulla a che fare con *Il Monte Analogo,* le reazioni erano state lente e incerte. Il libro di Gosse dimostrava che il requisito indispensabile per essere pubblicati da Adelphi era *il suono giusto,* come lo chiamava Roberto Bazlen.

E questo *suono giusto,* probabilmente, non è altro che lo spirito che si stacca dall'autore per depositarsi sulle pagine. L'idea di pubblicare solo testi che fossero *pezzi unici* dovette necessariamente essere abbandonata dopo il successo della *Cripta dei Cappuccini* di Joseph Roth, se l'intento della casa editrice era quello di far conoscere al pubblico altri libri di questo autore. Quando nel 1974 *La Cripta dei Cappuccini* fu pubblicato per la prima volta in Italia, con una tiratura iniziale di 3000 copie, il nome di Joseph Roth non diceva nulla a nessuno. Due anni dopo il successo di questo grande romanzo, però, uscì *Fuga senza fine* che fu nuovamente accolto con entusiasmo da un vasto pubblico di lettori.

In un'epoca in cui la parola "letteratura" non godeva di buona fama, il libro fu letto segretamente e amato anche dai giovani sostenitori dell'estrema sinistra, come racconta Calasso nell'*Impronta dell'editore*. In seguito, nel 1978, uscì *Il profeta muto*, con una tiratura di 30.000 copie. In copertina c'era un'immagine di Egon Schiele, artista allora sconosciuto in Italia quanto Joseph Roth, di cui Adelphi, dal 1974 al 1994, ha pubblicato ogni anno un libro.

Un tale successo non era dovuto solo alla magia della prosa di Roth, ma anche al fatto che le sue opere portarono alla pubblicazione di molti altri scrittori mitteleuropei, soprattutto austriaci, come Robert Musil e Hugo von Hofmannsthal, e di autori meno noti come Peter Altenberg, Alfred Polgar e Alexander Lernet-Holenia. Con Joseph Roth e Hofmannsthal, tra il 1970 e il 1980, si sviluppò il legame poi destinato a diventare sempre più forte tra Adelphi e l'Europa centrale, che sfociò nella pubblicazione di autori come Karl Kraus, Adolf Loos, Horváth, Schnitzler, Canetti e Wittgenstein. Quello che era accaduto con Roth si ripeté poi per i libri di Karen Blixen, Borges, Nabokov, Maugham e Simenon, pubblicati uno dopo l'altro.

Calasso aveva prenotato per l'una all'Harry's Bar. Al tavolo vicino al nostro sedeva una donna americana alta, bionda, dagli zigomi sporgenti. Roberto fece un'osservazione su di lei che mi colpì. Disse che sembrava un'attrice cinematografica degli anni Quaranta, come se all'epoca il suo viso fosse stato messo sotto sale e si fosse conservato nel corso dei decenni. Anche se la signora aveva superato l'età in cui poteva suscitare gelosia, provai comunque una fitta di invidia per il suo passato, per quel tempo in cui avrebbe potuto ancora piacere a Roberto.

Tornati in albergo, Roberto citò una frase che gli era stata detta una volta da una bella donna: «Non bisogna mai svegliare una donna bella quando dorme», poi si addormentò immediatamente. Rimasi a guardarlo avvicinando il mio viso al suo e ascoltando il suo respiro come si ascoltano le onde che si infrangono a riva, colma di una pace interiore, circondata da un mondo di acqua e palazzi. Tutto in me amava Roberto, le mie mani amavano le sue mani, la mia fronte amava la sua fronte, il mio cuore amava il suo cuore. Al ritorno da Venezia, scrissi nel mio diario: "che il sonno possa preservarlo dalla morte!". Da quest'uomo, pensai, mi sarebbe piaciuto avere un figlio. Ancora una volta immaginai come sarebbe stato se ci fossimo sposati; tuttavia già allora avrei dato ragione a Proust quando scrive che da legami non santificati dalla legge scaturiscono vincoli di parentela altrettanto numerosi, altrettanto complessi e forse anche più solidi di quelli che nascono dal matrimonio.

Alle quattro del pomeriggio, una lancia aspettava fuori dall'albergo. Il ragazzo che ci aiutò a salire disse che a breve avremmo visto il tramonto, al che Roberto rispose ridendo: «È proprio quello che vorremmo evitare!».

L'acqua nei canali si era abbassata così tanto che la barca procedeva a rilento. Era troppo tardi per quasi tutto: i musei e le chiese stavano per chiudere.

La gita mattutina di Roberto a San Michele aveva stimolato la mia curiosità per quel luogo, che allora per me non era l'Isola dei Morti ma la meta di una gita romantica a cui ci avvicinavamo lentamente nel nostro guscio di legno. La barca costeggiò l'isola, ma il cimitero aveva già chiuso le sue porte.

Era quasi buio quando sbarcammo in un Cannaregio deserto, quasi campagnolo. Entrammo nella chiesa della Madonna dell'Orto, ancora aperta, dove Roberto mi portò a vedere il *Giudizio Universale* e l'*Adorazione del vitello d'oro* di Tintoretto. Il mio sguardo fu attratto dagli ariosi baldacchini ornati di pon-pon bianchi a cui diedi il nome di "baldacchini del vento", dal vitello con il suo sguardo inquieto, carico di gioielli d'oro al collo e alle orecchie. Dame fatate bisbigliano tra loro adagiate su uno sperone di roccia. Una ha il capo girato verso la sua ancella nera, che le sta infilando un orecchino. Gettammo quasi tutte le monete da cinquecento lire che avevamo nella macchinetta dell'illuminazione per contemplare la *Presentazione della Vergine Maria al tempio*, secondo Roberto il più bel dipinto di Tintoretto.

«Guarda come si inarca la scalinata d'argento! Il velo svolazzante della Vergine bambina! E le misteriose figure sedute sul bordo di questa scala magica!» esclamò. Nel fresco silenzio della chiesa deserta, all'improvviso sentii che, per quanto irragionevole, per quanto immorale potesse essere il nostro amore, noi due appartenevamo a Dio, che sta ben al di sopra di ogni ragione umana. Si sarebbe potuto dire di Roberto che con lo spirito adorava l'ignoto, ma che nelle azioni lo tradiva? Dato che non era un moralista e la parola "morale" non l'aveva mai pronunciata, questa domanda non se la poneva. Semplicemente le donne suscitavano in lui una passione non molto diversa da quella che lo portava a domandarsi che cosa costituisse la letteratura assoluta e dove si nascondesse il divino. Nei suoi pensieri risaliva quasi ogni giorno fino agli *esseri remoti*, ma la sua lotta in terra assomigliava a quella di qualsiasi altro uomo che incontra l'amore sotto forma di donna. Non combatteva la passione poiché la considerava un miracolo. Anche in me allora non c'era posto per riserve morali, forse perché non ero stata educata con sufficiente riverenza per la religione, ma anche perché vedevo in questo amore un più alto significato.

Quando uscimmo dalla chiesa, si era fatto buio. Nell'atmosfera fredda come la pietra, in cui c'era però già l'annuncio della primavera, vedemmo un cane aggredire un uomo in costume da doge.

La fermata successiva, indicata da Roberto al tassista, fu la chiesa di Santa Maria dei Miracoli. Sopra la piazza dove scendemmo, erano appese ghirlande di lanterne colorate, si suonava musica da ballo e si offriva vin brulé. Dall'interno di un bar riecheggiava musica barocca. Svoltammo nel vicolo che conduce a Palazzo Soranzo Van Axel, in cui ero passata tante volte nella mia vita, attratta dall'edificio e dal suo cortile interno con il portale gotico e la bella scalinata. Mi colpì profondamente sentire da Calasso che Brodskij aveva spesso abitato lì e che addirittura in questo luogo avrebbe voluto acquistare un appartamento insieme a Roberto.

«Non si vede nemmeno un libro» osservò Roberto mentre tornavamo lungo il Canal Grande e guardavamo le finestre illuminate nei palazzi che, nel loro silenzio, formavano una scenografia teatrale. Ci passarono accanto due gondole piene di giapponesi che canticchiavano *O sole mio*, e nel freddo della sera quel canto suonava quasi cerimoniale, come se questo gruppo mille anni fa avesse abbandonato la scorta del principe Genji per ritrovarsi ora sulle gondole a Venezia in cerca di un santuario diverso da quello di Ise.

Le loro voci sommesse si disperdevano sull'acqua. Tra i palazzi era distesa una delicata nuvola giapponese. Oppure era dentro di me che, sotto la spinta dell'amore, si aprivano porte e cancelli della percezione, permettendo a tutto questo di entrare? Indipendentemente da Roberto, ho sempre percepito l'amore come qualcosa di sacro, poiché apre le chiuse della psiche di chi ama, che altrimenti rimarrebbero per sempre serrate e negherebbero l'accesso a quelle regioni profonde del nostro corpo che sono una sorta di fucina alchemica, dove le immagini vengono trasformate in sentimenti e ricordi. Mi piaceva il mondo, così come ora mi appariva, una scenografia immersa nell'oscurità: giovane donna in barca attraversa il Canal Grande, accanto a lei l'uomo che ama, è accompagnata da un brusio di voci cantilenanti, circondata dall'acqua nera.

Sbarcati alla Punta della Dogana, ci imbattemmo in un gruppo di turisti russi in pelliccia che si muovevano nell'oscurità con voci profonde, come seguaci di una setta di Impellicciati. Il più alto di loro, che portava in testa un voluminoso cappello di pelo, batté l'anello di ottone contro l'anta della porta laccata di nero della Punta della Dogana, che sembrava chiusa da secoli. Come prima al canto sommesso dei giapponesi, mi abbandonai all'improvvisa magia che il gruppo di amici russi diffondeva intorno a sé.

Passate le Fondamenta degli Incurabili, camminammo lungo le Zattere.

«Enzo, da bambino, faceva il bagno qui d'estate» mi

raccontò Roberto. «Allora c'erano delle corde a dividere l'acqua in una sorta di vasche.» Storie simili, io le assorbivo come una spugna. Anche sulla rivelazione che era stato Enzo a portare Roberto per la prima volta in un bordello mi avventai al pari di un uccello rapace, sebbene l'immagine mi penetrasse il petto come una lama di coltello.

Nella chiesa dei Gesuati sentimmo un sacerdote esclamare: «Io sono santo! Voi siete santi!», e di fronte all'Accademia Roberto mi mostrò l'albergo dove Brodskij una volta aveva soggiornato.

La gioia che ci avevano donato le ultime due ore condusse i nostri passi allegri verso piazza San Marco. Ed ecco che nel frattempo una nuova scenografia aveva sostituito quella del Canal Grande con la coppia di innamorati seduti in barca. Ora la giovane donna attraversava, al fianco del suo amato, un'ampia piazza circondata da chiese e palazzi, e due donne bionde venivano loro incontro. Una era alta, l'altra un po' più bassa. Già da lontano irradiavano una certa aria mondana e tutto in me si contrasse. Stavamo per superarle, quando una di loro chiamò Roberto: «Che ci fai qui?».

Senza dire una parola, lo lasciai lì e proseguii, con la sensazione di aver riconosciuto nella donna più piccola e più giovane, di cui nella fretta avevo registrato il lungo cappotto più che il viso, una delle tante amanti che attribuivo a Roberto. L'altra parlava con accento francese. Mi fermai su un ponte. Come la città lagunare costruita sull'acqua, anche la mia persona, che dall'esterno sembrava così sicura di sé, così orgogliosa, poggiava su un terreno oscillante, in balia del flusso e riflusso della marea. La mia felicità poteva in ogni momento crollare, quando la gelosia, come un'onda minacciosa, montava inaspettata dentro di me, per poi cedere altrettanto all'improvviso a un attaccamento colmo d'amore, non appena la tempesta si placava.

Quando Roberto mi raggiunse e ci incamminammo per le calli buie, mi disse divertito che le due donne avevano appena parlato di lui. La più alta apparteneva a un'antica famiglia e viveva in una villa palladiana, era estremamente noiosa e conosceva bene il principe Carlo. Il mio comportamento era passato nel frattempo da un attaccamento infantile all'aggressività. Nella mia impotenza, minacciai di rompere il nostro legame. Cresciuta con la paura di essere abbandonata da mio padre, reagivo instillando negli uomini la paura che fossi io ad abbandonarli. La spada di Damocle della fine del nostro amore oscillava di continuo sopra di noi, ero stata io a porla sopra le nostre teste. Con questi improvvisi attacchi che nascevano dentro di me come fiammate, con l'acuto tormento che deriva dal sospetto, in realtà punivo soprattutto me stessa e mi privavo della possibilità di essere felice. Oggi ritengo che la mia anima dovesse passare attraverso questi tormenti e che, per gli amanti che indirizzano la loro passione non verso un dio ma verso un loro pari, il pesante giogo della gelosia sia una scuola dell'anima necessaria per fare i conti con i terribili abissi della paura dentro di sé. «Ci siamo» disse Roberto, «ti stai ritirando.»

La mattina dopo, la nebbia ovattava i vetri delle finestre e cadeva una leggera pioggia. Dopo aver fatto i bagagli, andammo in un negozio di colori vicino a San Barnaba, dove comprammo cento grammi di verde Veronese e cinquanta grammi di verde smeraldo, attenti a cogliere il rumore lieve della polvere farinosa versata nei sacchetti di carta.

Portandoci alla stazione, il taxi fece il giro della Punta della Dogana e delle Zattere sotto la pioggia. Un'anatra immerse la testa nell'acqua. Non avevamo voluto sederci nell'abitacolo e Roberto aprì un ombrello. In piedi sulla barca con la mia pelliccia, al riparo dell'ombrello, mi sentivo come la statua di un'eroina del cinema trasportata sull'acqua.

«La cosa che mi piacerebbe di più fare adesso sarebbe viaggiare in treno con te per settimane» disse Roberto mentre prendevamo posto nella nostra carrozza, «andare lontano, in Siberia.»

Eravamo d'accordo che mi avrebbe mandato dei libri da valutare. Scrissi la prima scheda di lettura su un testo di Ingo Schulze, poi ne seguirono altre, su W.G. Sebald e Stifter. Per quanto riguardava il mio lavoro di scrittura, Roberto mi disse che adesso doveva arrivare a una svolta, dovevo cambiare argomento, lasciare da parte Mornaga e la figura di mio padre, che era stato il protagonista del mio primo racconto inedito. «Leggi Bazlen, il suo giudizio sull'*Uomo senza qualità* di Musil!» *Scritti* di Bazlen era il libro che Roberto teneva accanto a sé sul letto durante il suo ultimo soggiorno al Grand Hotel di Gardone, dove festeggiammo il suo ottantesimo compleanno.

Nel corso dei nostri viaggi, ero diventata una raffinata esperta di picnic improvvisati con vivande prese dalle cucine degli alberghi. Quando Roberto ordinò del formaggio e chiese al cameriere se si potessero avere anche delle pere, mi alzai dal tavolo, corsi nel nostro scompartimento e tirai fuori dalla valigia una pera matura da portargli. «È la pera più buona che abbia mai mangiato!» esclamò entusiasta.

Più il treno si avvicinava a Brescia, più mi stringevo a Roberto. La separazione da lui significava tornare a una realtà che, se pure non banale, improvvisamente era più povera e priva di vita.

«Leggi il libro di Gozlan su Balzac» gli dissi quando scesi alla stazione di Brescia, e lui, dopo un ultimo bacio, saltò di nuovo sul treno. Un fischio, le porte si chiusero, il suo volto divenne un profilo, poi un'ombra e infine un treno che si allontanava.

***

I viaggi con Roberto erano diventati tentazioni irresistibili. Giorni prima della partenza cadevo preda di una estrema allegria, i miei pensieri e le mie azioni erano unicamente concentrati sul momento in cui, con le mie valigie, avrei lasciato Mornaga. Mi immaginavo ad aspettarlo, con indosso un vestito ben preciso, in una data stazione ferroviaria o in un certo aeroporto, in un atteggiamento che già da lontano doveva apparire attraente, vedevo come avrei preso possesso insieme a lui di una stanza d'albergo, appeso i miei vestiti alle grucce come ali, e come avrei portato il mio volto in giro per le strade di una città che non conoscevo ancora o che avrei guardato con occhi nuovi. Nulla all'epoca mi avrebbe logorato tanto come un impedimento o una rinuncia a viaggiare con lui. Sarebbe stato come rinunciare a giorni di una vita più intensa.

Come da ogni viaggio insieme a Roberto, anche da questo mi aspettavo che sarebbe accaduto qualcosa di decisivo, qualche cosa che avrebbe messo a soqquadro la mia vita. Napoli! Lì l'aria sarebbe stata più calda! Più leggera! Lì c'era il mare! A Napoli era nato il grande attore Totò, lì era stato girato il film *L'oro di Napoli*! Questa città faceva appello al mio immaginario con una forza ancora maggiore di Roma o Venezia. Dal suo nome si sprigionava uno spirito che con una parte del suo essere dimorava nel sottosuolo mentre con l'altra si librava in paradiso.

Era un giorno di marzo quando volai da Linate a Napoli, dove atterrai alle due del pomeriggio, salii su un taxi e diedi all'autista l'indirizzo dell'Hotel Excelsior. Nell'aria volteggiavano pollini e i mandorli erano in fiore. Dal finestrino aperto entravano soffi d'aria calda che annunciavano già l'estate imminente, un'aria satura del verde scuro degli aranci e dell'odore di spazzatura e alghe. Quanta libertà c'era nel breve dialogo da finestrino a finestrino tra il tassista e un camionista, che fermi davanti a un semaforo, con la calma di due pastori che si incontrano in un pascolo, trovavano il tempo di esercitare l'arte della conversazione! E che gioia scendere dal taxi come una Claudette Colbert, salire i gradini dell'Hotel Excelsior e consegnare il passaporto a un concierge in livrea, con un sorriso che diceva: *Heaven can wait!*

La mia borsa, preparata da giorni per questo viaggio, che avevo svuotato e poi riempito di gonne e camicette che immaginavo intonate a Napoli, fu portata nelle camere 316 bis e 318, poiché in questa città si evita il numero 17 per motivi scaramantici. Il contenuto della borsa rifletteva meglio di una lunga confessione il mio atteggiamento di allora nei confronti dell'amore e della vita: accanto a una piccola statuetta della dea Kālī aveva trovato posto un libro di Cioran, accanto ai bastoncini d'incenso un piccolo flacone di L'Heure Bleue.

Attraverso le finestre delle due grandi stanze inondate di luce entrava l'aria di marzo impregnata dall'odore di mare e su un cassettone riluceva nel sole un'alzata Sheffield piena di mandarini e banane. Accanto, in una ciotola, galleggiavano petali di rose bianche.

Disfatta la borsa, costruii sul piano di marmo del cassettone un piccolo altare per la statuetta di Kālī. Entusiasta, già pregustando l'impressione che a Roberto avrebbe fatto la stanza indiana, accesi i bastoncini. Nella *Folie Baudelaire* si dice che gli dèi possono apparire agli occhi degli uomini, oppure sfuggire al loro sguardo, a seconda del luogo in cui prendono dimora. Ma sempre sono, e ci guardano. Accendere i bastoncini d'incenso era un modo per invocare un dio? E se sì, quale? La dea dell'amore Afrodite o la dea della caccia Artemide? Oppure dall'incenso mi aspettavo solo che il suo profumo di tempio ancora una volta trasportasse Roberto e me in India, che sulle nuvolette di fumo potessimo lasciare l'Italia e la situazione difficile in cui ci trovavamo. Non so se Roberto, in seguito, abbia provato la mia stessa sensazione, però, almeno per me, il fumo di quei bastoncini andava tessendo la trama odorosa delle strade dell'India, dei suoi campi di grano e delle piantagioni di tè, nelle camere dagli alti soffitti, dalle cui finestre guardavo il mare come dal ponte di un piroscafo.

Gli attimi prima di rivedere Roberto assomigliavano a quei momenti all'opera, prima che si alzi il sipario rosso. La pettinatura è ancora perfetta, il collo ancora profumato, lo sguardo sfiora il programma per poi rivolgersi ai palchi, desideroso di incontrare un paio d'occhi che rivelino il temperamento romantico del loro proprietario. Prima che le luci si spengano, colpi di tosse e risa sommesse, variazioni di sussurri e soffiate di naso riempiono la sala. Tutto in me era attesa.

Alle cinque, in un abito di velluto aderente e accollato, che la mia sarta aveva cucito copiando un modello indossato da Marlene Dietrich nel film *L'imperatrice Caterina,* salii su un taxi che mi portò alla stazione. Dare al portiere, al signore della reception e al tassista che mi aspettava fuori dall'albergo l'impressione che stessi per firmare un misterioso contratto per la vita o che mi affrettassi verso un incontro fatale, era uno di quei piaceri insensati, tuttavia esaltanti che la vita regala a una giovane donna.

«Tu sei una domina» mi sussurrò un uomo al binario 11. «No» risposi, «sto aspettando un treno», e intanto stringevo forte tra le mani umide il libro di Cioran pubblicato da Adelphi, che sembrava essere perfettamente adatto per la mia entrata in scena alla stazione. Quando il treno arrivò, tutte le ombre che mi avevano assediato da quando ci eravamo separati si dissolsero. Con il treno Roberto rientrava nel mio mondo.

«Ho avuto degli stupendi compagni di viaggio» mi raccontò con brio infantile, mentre camminavamo fianco a fianco dentro la stazione, in cui regnava quell'atmosfera di svolazzante eccitazione tipica di una *volière,* «una bambina di otto anni e suo padre, che erano andati a Torino per una partita di calcio della Juventus.

La bambina indossava una tuta da ginnastica di tre taglie più grande con la scritta Juve e portava degli occhiali da sole color oro, attraverso i quali mi guardava con severità. Era molto pallida e aveva occhi grandi e sfacciati. Figlia e padre, lui con una sciarpa della Juve al collo, si parlavano appena, ma si vedeva che si capivano. Uno sguardo, un cenno, una parola a loro bastava.» Era questo l'ideale di Roberto: poche parole e un'intesa perfetta tra due persone.

In quello stato d'animo che accompagna un nuovo incontro con la persona amata alla stazione, uno stato d'animo in cui risuonano ancora l'arrivo vagamente minaccioso del treno e gli annunci degli altoparlanti, andammo al Caffè Gambrinus e ordinammo due Campari.

Come vuole la legge dell'amore, durante il tempo della separazione alla nostalgia si era mescolato un senso di estraniamento. Quando Roberto mi disse che d'ora in poi avrebbe dovuto concentrarsi esclusivamente sulla pubblicazione di *Ka* e rimandare i viaggi già programmati, dato che l'imprevisto volo per New York gli aveva rubato molto tempo, le sue parole riecheggiarono dentro di me come un oltraggio. Simile alla dea Satī, che si incupiva sempre quando il suo sposo non forniva una risposta alla sua domanda sul significato della devozione – così scrive Calasso in *Ka* – e allora si sforzava di considerarlo un subdolo intruso, anch'io quando non vedevo Roberto da molto tempo facevo lo stesso e lo assillavo di domande. E come Satī nei confronti di Śiva, anch'io ora provavo per Roberto odio e paura. Tutto dentro di me si ribellava. Come se fino ad allora non avessero aspettato altro, a montare dentro di me furono gelosia e crudele sarcasmo. Il demone di questi bassi sentimenti era più forte della mia ragione o della mia saggezza, a cui Roberto in questi casi faceva appello, e sulla lingua mi bruciavano parole che salivano alle labbra prima che potessi trattenerle. Se all'epoca fossi stata più consapevole che in ogni singolo attimo andiamo incontro alla distruzione avrei convertito i miei attacchi di gelosia in generosità e gratitudine, ma sembra che simili accessi siano la stoffa di cui è fatto un amore. La ragione continuava a consigliarmi di porre immediatamente fine a questa storia d'amore, il mio istinto ostinato di continuarla.

Dopo aver lasciato il nostro tavolo al Gambrinus, svoltammo in via Chiaia e comprammo due pettinini. I miei desideri, per esempio un nuovo paio di calze o dei pettinini, erano decisamente modesti, poiché la mia infanzia poco agiata continuava a vivere dentro di me e mi impediva di sviluppare voglie più grandiose. Questi piccoli acquisti facevano ormai parte dei frivoli rituali dei nostri viaggi, ma per il resto della passeggiata dalla mia bocca non uscì più una parola. Com'ero maestra nell'improvvisare picnic in treno, ero diventata anche maestra del silenzio. Quella sera di marzo però, prima che Roberto mi portasse da Giuseppone a Mare, un ristorante in via Mergellina, mi liberai di colpo del mio malumore. Il cambiamento d'umore scaturiva dal desiderio di vedere Roberto e me felici a Napoli, una città in cui si doveva essere felici: felici davanti a un piatto di spaghetti con le cozze, felici tra le note di due musicisti che suonavano chitarra e mandolino, felici alla vista dei pescherecci blu e rossi al porto che, insieme alla musica e ai rumori che facevano i gusci neri e lucidi quando le forchette li raschiavano, allestivano intorno a noi la città di Napoli, antico palcoscenico di fronte al mare eterno.

Col passare di ogni singolo minuto, ritrovavamo i nostri modi, ormai quasi vecchi, di stare insieme, ritrovavamo i gesti infantili e teneri, la melodia della *nostra* lingua. Roberto, come il veggente Yājñavalkya in *Ka* con la sua seconda moglie Maitreya, mi parlava del *brahman*, una parola che, da quando avevo tradotto *Ka*, non mi aveva più abbandonato. Prima di cominciare a lavorare a questo libro, del *brahman* conoscevo solo il nome, ma attraverso la traduzione e le conversazioni con Calasso acquistai un'immagine sempre più vivida del mondo degli dèi indù. Le discussioni su questa parola iniziano con la storia dell'Indologia. Il *Dizionario di Pietroburgo* fornisce sette significati di *brahman*: preghiera, formula magica, discorso sacro, sapere sacro, modo di vita sacro, l'assoluto, casta dei brahmani. Nell'*Atharva Veda*, si legge: colui che conosce il filo del filo conosce la grande essenza *brahman*. Come da un chimico, volevo ora sapere da Roberto di quali elementi fosse composto il *brahman*, se esistesse al di fuori o dentro l'anima, o se non dimorasse in entrambi i luoghi, e in che modo fosse legato all'*atman*. In *Ka*, il veggente Vasiṣṭha dice che il divino neutro *brahman* viene prima degli dèi, che in origine esisteva solo il *brahman*. Risvegliandosi via via ad esso, gli dèi diventavano tali. Il gesto decisivo, secondo Calasso, è quello del risveglio. Avere la consapevolezza che si sta pensando è l'entrata nel *brahman*, nel quale entrarono prima gli dèi, poi i veggenti e infine gli uomini. Nel *Cacciatore celeste*, si dice che l'oggetto della ricerca del cacciatore è il divino, *to theion*. Il *brahmaṇ* è il divino.

Va rimproverato a Calasso di avere esplorato nella sua opera aree diverse allo stesso tempo? Chiunque abbia letto i suoi libri giungerà alla conclusione che queste aree diverse formavano per lui un unico terreno, costituitosi nel corso dei decenni grazie a connessioni sempre più fitte. In un certo senso, Calasso è stato uno dei più brillanti rappresentanti dell'uomo globale, connesso con il mondo intero e a casa in ogni regione della terra, con la differenza che il suo spirito era connesso con le religioni di ogni regione della terra e a casa nel mito. Calasso ha posto i miti, le storie e le filosofie dei vari paesi su uno stesso piano metafisico, rintracciando le loro reciproche affinità, per giungere, collegando pensieri, associazioni e analogie, a conclusioni sorprendenti. Coscienzioso come un medico e abile come un giocatore di carte, affrontava i più diversi motivi filosofici, mitologici o letterari intrecciandoli tra loro come gli intricati disegni di un tappeto persiano.

Sì, proprio come un tessitore, Calasso nei suoi libri riprendeva con insistenza i medesimi motivi. Non può essere un caso che uno dei personaggi femminili a lui più cari fosse la tessitrice indiana Gārgī, la bella teologa con cui solo pochi brahmani osavano competere. Di lei si diceva che tessesse da sola le sue tele. Il veggente Yājñavalkya pensava che l'abilità di Gārgī come tessitrice mettesse in secondo piano l'eccellenza del suo pensiero. Certo, talvolta doveva sentirsi molto orgoglioso di affrontare testi come i Veda non da mitologo, bensì da scrittore, ma proprio per questo Calasso non ha mai perso la freschezza di una visione poetica, a cui un accademico è costretto a rinunciare, o che forse non ha mai posseduto o non si è mai potuto permettere. Mentre gli studiosi sono frenati nel loro slancio poetico o nell'audacia letteraria dalla specializzazione richiesta dalle rispettive discipline, a Calasso si aprivano nella loro bellezza tutti gli ambiti metafisici. A seconda dell'ispirazione, egli poteva scoprire il *ṛta* nel mondo di Talleyrand o la legge del *law and order* nell'India antica.

La mattina seguente, sua moglie telefonò con la notizia che Sergio Quinzio era morto. Quinzio rientrava in quella costellazione di menti che ruotavano intorno a Adelphi e che io stavo a poco a poco conoscendo. Un altro membro della cerchia era Guido Ceronetti, amico di lunga data di Quinzio, l'unico uomo per raggiungere il quale una volta ho compiuto una sorta di pellegrinaggio.

Nell'antico Oriente, Ceronetti sarebbe stato onorato come *hakim*, come un saggio che univa la professione di medico a quella di filosofo. Viveva su una collina umbra, a Cetona, dove c'erano anche le ville dello stilista Valentino e di Federico Forquet, ma l'abitante più importante viveva nascosto.

Tra le pere e l'uva del cesto di frutta che avevo composto per il vecchio signore, e che avevo portato nella sua biblioteca passando per un vicolo buio, nella pioggia ottobrina, avevo messo un sacchettino di Japan Kamairi First Flush. Era un rimando a un suo scritto, secondo il quale nelle regioni profonde della mente, dove il pensiero riflette sul cammino che compie, dove il cielo si inarca fino ad abbracciare completamente con il suo invisibile girotondo il nostro doloroso sforzo di penetrarlo, l'aroma del tè è sentito soprattutto come un annuncio che il cielo è vicino.

Saggista e romanziere, drammaturgo e burattinaio, Ceronetti, a seconda del momento, era cristiano, buddista o taoista, asceta, vegetariano o chiromante, suonatore d'organo, mistico o gnostico, maestro del tè, esegeta dei testi dell'Antico Testamento o misantropo fallito a causa della sua adorazione per le donne, ma dietro tutte queste figure c'era un amante che davanti al suo leggio seguiva con inesauribile devozione gli innumerevoli sentieri della saggezza orientale e occidentale per cogliere il nucleo divino nello spirito umano. Nemico giurato della volgarità e instancabile flagellatore del demone tecnocratico, nessun altro pensatore, a parte Cioran, era così affranto e al tempo stesso affascinato dallo stato di abbandono in cui si trova l'uomo del nostro tempo.

Nato a Torino nel 1927, cercò fin da bambino uno spazio al di fuori dall'angustia della sua "famiglia ossessiva", spazio che trovò nei libri e, a metà degli anni Cinquanta, nelle lezioni di un vecchio rabbino la cui moglie e i cui figli, in fuga verso l'Italia, al Brennero erano stati costretti dalla Gestapo a scendere dal treno e poco dopo uccisi in un campo di concentramento. Questo ebreo barbuto, crudelmente colpito dal destino ma di incrollabile fede, insegnò al suo giovane allievo l'ebraico antico, lingua che Ceronetti studiò per tutta la vita, nel desiderio di confrontarsi con il tumulto verbale e la chiarezza disperata dell'*Ecclesiaste* che tradusse in italiano, così come il *Salterio*, il *Libro di Giobbe*, il *Libro di Isaia* e il *Cantico dei Cantici*, corredandoli di illuminanti commenti. Quasi nessun altro esegeta biblico è mai stato in grado di far arrivare alla nostra coscienza i testi più inquietanti dell'Antico Testamento nella loro potenza tanto imperiosa quanto dolorosa. Ceronetti guardava ai suoi cinquant'anni di studio dei testi biblici come a un "duello alla Joseph Conrad", un duello che si può senz'altro affermare abbia vinto, infine, grazie a un dono che era solo suo. Poiché più di chiunque altro Ceronetti conosceva la *virtus* magica riposta nella parola poetica, inseparabile dal suo suono. Al pari dell'autore del *Cantico dei Cantici*, era andato per tutta la sua vita alla ricerca del suono salvifico del linguaggio, di quella vibrazione misteriosa che non ha mai smesso di inseguire. Tutti i fenomeni a cui si è dedicato con uguale passione, come le opere di Grünewald o di Rembrandt, la poesia di Baudelaire o di Kavafis, le odi di Orazio o l'amore, Ceronetti li ha tastati cercando quel suono di cui parlava anche Bazlen, un suono che può forse essere definito il vero suono della vita, il "suono del cuore". Ceronetti riteneva che solo al "tono giusto" appartenga qualcosa di incorruttibile, che esso soltanto ci unisca alla vena della vita.

Suo modello, tra gli altri, era Socrate, che grazie alla moderazione riuscì a proteggersi dalla peste di Atene, così come Ceronetti si proteggeva dai mali della nostra epoca con l'estrema temperanza. "Nutrirsi come una formica e svuotarsi come un elefante", non solo per ragioni fisiche, bensì anche metafisiche. Eppure, questo *hakim* italiano non ha mai voluto sradicare tutto ciò che di fiabesco restava nella vita umana. Pur ritenendo che l'umanità sonnambula fosse destinata a estinguersi su un rogo, egli credeva fermamente nella felicità: "Bevete tè e non disperate!".

Terminata la sua telefonata, Roberto mi raggiunse al

tavolo per fare colazione. Quella mattina le onde lievi del mare sembravano lambire le nostre finestre. Una rosa e un fascio di giornali arrotolati stavano su un tavolo al centro della stanza simile a una sala, la cui anonimità si era dissolta ed erotizzata con la nostra presenza.

Roberto, in realtà, quella mattina voleva prepararsi per una conferenza su Elena Croce, i cui libri erano pubblicati da Adelphi, ma il suo telefono suonava in continuazione. E in continuazione bussavano alla porta per consegnare fax.

Mentre Roberto era nella camera accanto, ormai trasformata in una specie di centrale telefonica, a cui non avevo accesso dato che la porta comunicante era chiusa, ebbi l'impressione che da quella stanza non sarebbe più uscito. Quando però, dopo un poco di tempo, tornò verso il divano e si sedette su una poltrona accanto a me, aveva lo sguardo triste. Mi scrutava, tenendomi la mano, e sembrava pensieroso. Da questo comportamento dedussi che aveva intenzione di andare da solo a Roma e voleva suggerirmi di rimanere a Napoli ad aspettare il suo ritorno. Appoggiò la testa nella mano libera e disse: «Domani mattina presto vado a Roma e la sera torno da te. Non dobbiamo separarci ora». Rimanemmo a lungo in silenzio, oppressi dall'incertezza e da sentimenti cupi. A un certo punto qualcuno bussò per annunciare l'arrivo di un taxi e ci strappò dal silenzio. Roberto era invitato a un pranzo per i partecipanti al congresso su Elena Croce. Come dalla prua di un piroscafo, lo seguii con lo sguardo dal balcone, ancora sotto l'effetto delle sue ultime parole. Soffiava un leggero vento e il sole scintillava sulla cresta delle onde.

Rientrata nella stanza, pensavo di essere sola, ma nel

momento in cui i miei occhi si posarono sulla sua agenda telefonica rilegata in pergamena, la camera si riempì di vita. Già da tempo quest'agenda suscitava la mia curiosità. La presi in mano. La carta era sottile, come se, anno dopo anno, avesse perduto un poco della sua consistenza originaria. La copertina pergamenata era macchiata e danneggiata in più punti. Fui assalita dalla violenta sensazione che, nell'aprire quell'agenda, la mia immaginazione sarebbe caduta in balia di impressioni pericolose, ma ormai avevo cominciato a leggere, pagina dopo pagina, un nome dopo l'altro, avidamente e con il fiato sospeso, irrigidita dalla paura e al tempo stesso bramosa di pungenti scoperte.

Mi addentrai nel libretto come in una stanza proibita, dalla quale mi venivano incontro donne e uomini i cui nomi mi abbagliavano: Lucia Bosè, Nina Berberova, Enzo Biagi, Norberto Bobbio, Iosif Brodskij, Thomas Bernhard, Juan Benet, Italo Calvino, Camilla Cederna, Cioran, Elena Croce, Federico Fellini. Soprattutto i nomi delle donne (quanto ero bambina!) risuonavano nella mia mente come nomi di creature femminili che scendevano dai taxi avvolte in cappotti di pelliccia, sorseggiavano champagne dalle loro scarpe con i tacchi a spillo e portavano ai polsi braccialetti tintinnanti. Dalle pagine mi vennero incontro poetesse dagli occhi malinconici e dalle voci profonde, mogli di ambasciatori, dame di società e filosofe. Non appena però cercavo di fermarne una, scappava via ridendo, verso la sua villa in Maremma, il suo appartamento a Madrid, il suo palazzo a Parigi o il suo attico a New York. Erano donne che a Roberto avevano fatto dei regali, come la pashmina marrone chiaro che lasciava sul suo cappotto blu fiocchi di lana che mi solleticavano il naso. Non sapevo forse che la sua stilografica Parker era un regalo di Ingeborg Bachmann?

«Istituto Suor Orsola Benincasa, via Suor Orsola 10» comunicai poco dopo all'anziano tassista. «Suor Orsola, Suor Orsola» continuò a borbottare lui, fermandosi più volte durante il tragitto per chiedere dove fosse la via, finché alcuni giovani tassisti si piegarono verso il finestrino aperto della sua macchina, spiegandogli in coro la strada.

L'istituto era una costruzione che a me ricordava un poco un castello, un edificio con molti gradini, corridoi imbiancati e fregi in cotto. Raggiunsi una terrazza, salii altre scale, e superando una fila di uffici arrivai alla Sala degli Angeli, un'alta cappella barocca inondata di sole.

All'epoca, dalla vita sociale mi aspettavo qualcosa che non poteva assolutamente più esistere, poiché il mondo non aveva più nulla a che fare con quello dei Guermantes, dove avevo trascorso molti dei miei pomeriggi di letture. Il rapporto che Calasso aveva con scrittori come Canetti, Manganelli, Kundera o Brodskij, la sua amicizia con Lord Weidenfeld o con uomini di potere come Gianni Agnelli facevano su di me una grande impressione. Quando mi raccontava delle serate trascorse a Parigi, Londra o New York, ero convinta che i vari padroni di casa e i loro ospiti fossero attori dentro un mondo in cui forma e bellezza erano tutto. Entrando nella cappella, bruciavo dal desiderio di incontrare persone che mi avrebbero intimidita con la loro eleganza, ma attraverso le due porte aperte comparvero invece signore e signori anziani, i cui volti erano sì tutti finemente disegnati, un po' altezzosi, e sembravano sfidare il passare del tempo, ma non possedevano nulla di ciò che avevo conosciuto grazie a Madame de Guermantes.

Roberto fu il primo a parlare di Elena Croce, raccontò di come avesse imparato il francese all'età di dodici anni per poter leggere Lautréamont, di come suo padre si fosse arrovellato sulla questione se darle o meno da leggere *I tre moschettieri*. Riportò aneddoti tratti da *L'infanzia dorata* e sulla vita che si svolgeva nell'appartamento di Elena Croce a Roma, dove furono ospiti Adorno, Ingeborg Bachmann e molti scrittori italiani. Elogiò i suoi pasti semplici e veloci e lesse brani tratti da *Lo snobismo liberale*. Per la prima volta notai che i suoi occhi ricordavano quelli di una lucertola. Come un archeologo con cazzuola e scalpello, io, borsetta sottobraccio o un fiore fresco tra i capelli, non smettevo mai di esplorarlo. Dentro di me era tesa una rete con cui catturavo le sue parole, selezionandole ed esaminandole come si fa con i reperti.

Dopo Roberto, toccò intervenire all'allora amministratore delegato di Adelphi, Luciano Foà, a Michael Marschall von Bieberstein, Ludovica Ripa di Meana, Raleigh Trevelyan e Suso Cecchi D'Amico. Oggi so che questi personaggi emanavano il medesimo splendore di quelli che Proust incontrava al Faubourg Saint-Germain, poiché quello splendore lo attribuiamo noi stessi alle persone, dopo che è trascorso un certo lasso di tempo.

Quando tornammo in albergo, il portiere in agitazione ci informò che lo spettacolo all'opera iniziava alle sei e dovevamo affrettarci. Senza abbandonare il taxi, ci dirigemmo verso il San Carlo e dopo un caffè veloce al Gambrinus ci incamminammo alla volta del teatro, dove in programma c'era *Rigoletto.* Quel momento, in cui sedevo accanto a Roberto su una poltrona di velluto rosso nella sala di un teatro d'opera, avvolta dalla musica del canto, l'avevo già vissuto e rivissuto più volte nella mia immaginazione come fosse la scena di un film di Visconti, una scena in cui io ero una Claudia Cardinale bionda, che attirava gli sguardi dei napoletani vecchi e giovani, ma quando quel giorno mi guardai intorno rimasi delusa dal pubblico, che non mi faceva neanche lontanamente sognare. Così mi misi a osservare il profilo di Calasso con la voglia sopra il lato sinistro delle labbra. Le volte in cui apparivamo insieme in pubblico, come allora, non potevo fare a meno di immaginarmi una vita con lui, che con la realtà aveva altrettanto poco in comune quanto il pubblico dell'opera con gli attori di un film di Visconti. Al pari di una scenografa, non smettevo mai di arricchire queste messe in scena interiori della nostra vita insieme. Quando presentavo a Roberto i miei allestimenti, ne rideva amorevolmente senza entrare mai nel merito, poiché lui, a differenza di me, non era vittima di fantasticherie.

Dopo la serata all'opera, dove non avevo incontrato nessun Principe di Salina e nemmeno un Tancredi, tornammo a piedi per il lungomare, bevemmo un Milano Torino in un bar e poi andammo in taxi alla pizzeria Da Ciro, che fin dal 1935 non ha mai smesso di essere di moda. Nella luce abbagliante dell'ampio locale, parlammo di quando avrei dovuto trasferirmi a Milano.

Se al San Carlo non avevo incontrato nessuna figura che ricordasse il mondo di Tomasi di Lampedusa, in pizzeria fui invece colpita fin nel midollo dall'ingresso di un vecchio signore dalla carnagione giallastra: accanto al nostro tavolo passò Marcello Mastroianni, insieme a Suso Cecchi D'Amico. Un'apparizione, una visione nel vero senso della parola, poiché la sua figura si muoveva davanti a noi in carne e ossa, ed era tuttavia impalpabile come un fantasma. Per un attimo era uscito dal mondo singolarissimo di Federico Fellini, un mondo che nessun altro regista prima o dopo di lui ha mai mostrato. Era come se l'attore, lasciato quel regno scomparso, per un attimo soltanto, fosse entrato Da Ciro, come per dimostrare che i film di Fellini esistevano davvero, che Marcello aveva davvero messo il gattino sui biondissimi capelli di Anita Ekberg nella *Dolce vita*.

Alla vista di Mastroianni, sentii una stretta allo stomaco. Lui non poteva saperlo, ma tutte le volte che vedevo quell'uomo sullo schermo, lo amavo alla follia. Nel corso degli anni, film dopo film, la sua fisionomia mi era divenuta sempre più cara. Il nuovo mondo che Fellini aveva introdotto nel cosmo cinematografico consisteva nella creazione di immagini oniriche fatte di visioni erotiche e allucinazioni. Il regista era stato un paziente di Ernst Bernhard, che nell'interpretazione dei sogni seguiva il metodo junghiano. Comunque sia, il mondo cinematografico di Fellini era fatto per Mastroianni. Questo attore, figlio di un falegname, si era inserito come nessun altro nella schiera colorata e clownesca dei personaggi felliniani, nel cui regno si perdeva al pari di un seminarista in un bordello. E proprio come al seminarista, anche allo spettatore dei film di Fellini, attraverso le rivelazioni erotiche, si disvelano gli aspetti più strani della psiche.

Mastroianni mi aveva notato? Ci saremmo mai riconosciuti come simili, figure che appartengono a un mondo molto più reale della realtà? Nella mia eccitazione, a un certo punto mi alzai dal nostro tavolo e, diretta in bagno, passai davanti al suo, animata dall'ardente desiderio che lui riconoscesse in me tutte le attrici che aveva amato. Camminai con la schiena dritta, armata di uno sguardo a cui cercavo di infondere una magica radiosità per essere notata da Mastroianni. E sì, al mio ritorno dal bagno, dove speravo di incontrare i suoi occhi nello specchio, lui mi passò accanto canticchiando tra sé e sé. Per la frazione di un attimo, tanto bella quanto triste, ci siamo guardati. È stata l'unica volta in vita mia in cui ho incrociato una figura che consideravo un mito.

«Siamo a Bombay» osservò Roberto la mattina successiva, quando dalla finestra guardò il mare, su cui galleggiava una foschia lattiginosa mentre il sole nascente squarciava a poco a poco quel velo per stendersi sull'acqua come un sari arancione. Intingendo un angolo della sua brioche nel caffè, Roberto mi disse che saremmo andati insieme a Roma. Dato che non nutrivo alcun desiderio di indipendenza, e volevo al contrario sempre stare accanto a lui, mi cadde un peso dal cuore. L'espressione "essere attaccato a qualcuno" colpisce nel segno: i fili del proprio destino si intrecciano con quelli del destino di un altro e all'improvviso ci si ritrova attaccati.

Quando Roberto uscì dalla stanza per pagare il conto, indossai in fretta il mio strano abito di velluto nero, raccolsi i bagagli alla rinfusa e lo seguii di corsa per l'ampia scala coperta da una moquette, facendo cadere pennelli per il trucco, rossetti e vasetti di marmellata della colazione che volevo portare con me a Mornaga per elargire un tocco di Excelsior alla cucina di casa. Con un simile spettacolo, come sempre, ottenni l'effetto desiderato. Roberto vedendomi si mise a ridere e mi guardò commosso, mentre un impiegato dell'albergo mi aiutava a raccogliere i pennelli e le piccole marmellate.

Non so perché, ma i momenti in cui con i nostri bagagli camminavamo fianco a fianco lungo una banchina ferroviaria, nell'aria piena di annunci e fumo di sigaretta, sono rimasti nella mia memoria con assoluta precisione e possiedono per me un valore particolare, forse perché all'epoca li associavo alle scene alla stazione in *Anna Karenina* e *Ninotchka*. L'ondeggiare di borse e bagagli sul carrello, i nostri passi affrettati, tutto conferiva a quei momenti un tocco assolutamente cinematografico, all'insegna di allegria e leggerezza.

Quando il treno lasciò Napoli, dove, soprattutto nella consistenza dell'aria e nei colori del mare si sentiva già la primavera, fuori dal finestrino vidi un gregge di mandorli carichi di fiori rosa chiaro che conferivano qualcosa di giapponese al paesaggio campano, un poco trasandato.

Roberto sfogliava i giornali e io leggevo. A tratti ci addormentavamo per risvegliarci dopo qualche istante. Eucalipti, piante di acanto, prati verde scuro e di nuovo mandorli in fiore scorrevano davanti ai nostri occhi. «È una tale meraviglia viaggiare insieme!» disse Roberto mettendo definitivamente da parte i giornali per guardare solo fuori dal finestrino.

***

«Se Maometto non va alla montagna, allora la montagna va da Maometto, quindi vengo io a Mornaga» disse Roberto al telefono, dopo che per alcuni giorni mi ero ritirata nel silenzio, riattaccavo dopo pochi istanti ogni volta che mi chiamava e avevo rifiutato il suo invito ad accompagnarlo a Nizza, offuscata dall'invidia per un viaggio che aveva fatto con sua moglie a Venezia in occasione dei funerali di Brodskij. Benché fosse esclusa la mia presenza, mi sentivo tuttavia ferita per non aver partecipato al funerale del poeta le cui opere avevo letto molto prima di conoscere Calasso, al quale avevo persino inviato una lettera colma di ammirazione a New York, e che grazie al mio incontro con Roberto aveva guadagnato un posto ancora più grande nel mio cuore. All'epoca nutrivo idee sbagliate su quasi tutto ciò che concerneva la vita di Calasso, compreso un funerale come quello di Sergio Quinzio o di Iosif Brodskij, benché nel frattempo sia giunta alla conclusione che le nostre percezioni e impressioni per la maggior parte altro non sono che allucinazioni.

Quando Roberto ripeté al telefono che sarebbe venuto a Mornaga se non mi fossi decisa a raggiungerlo, cedetti presto e acconsentii ad accompagnarlo a Nizza. Non avevo forse aspettato altro che fare le valigie e lasciare Mornaga?

A ogni nuovo viaggio aumentavano in egual misura gioie e sofferenze. Quel tardo pomeriggio di giugno, mentre alla stazione di Milano sedevo già su un treno per Nizza in attesa di Roberto, all'improvviso dal finestrino scorsi sua moglie, che camminava sulla banchina due passi avanti a lui. La vidi fermare un controllore per chiedere informazioni. La sua apparizione, che aveva di colpo mutato in panico le varie emozioni che si agitavano dentro di me, mi spinse verso la toilette, dove mi rinchiusi con tutto il bagaglio. Volevo aspettare lì che il treno si mettesse in movimento per non essere vista da Fleur Jaeggy, nell'assurda supposizione che con un solo sguardo avrebbe riconosciuto in me l'amante di suo marito.

Ignorai i ripetuti colpi alla porta e mi misi a leggere i diari di Ernst Jünger senza coglierne nell'agitazione una sola parola, e tuttavia entusiasta all'idea di tenere in mano un libro in quella situazione scabrosa e di essere coinvolta in un'avventura che rendeva la mia vita un grande gioco. Con lo sguardo crudele della giovane amante che ha troppa fiducia nella propria giovinezza e bellezza, avevo notato i jeans e la giacca sportiva indossati da sua moglie. Il blu scuro della giacca mi sembrò in netto contrasto con i colori dei vestiti nella mia valigia, ma al tempo stesso mi resi conto che non era lei la mia presunta nemica, bensì la vita che condivideva con Roberto. Una volta lui mi aveva detto che se ci fossimo incontrate per caso durante un viaggio in treno, Fleur e io ci saremmo mirabilmente intese. Oggi nulla mi farebbe più piacere che incontrarla su un treno e conversare con lei, ma nel mio stato d'animo agitato di allora la possibilità di avere uno sguardo lucido non esisteva. Come un'eroina del cinema, guardai negli occhi la mia immagine riflessa nello specchio, che mi assicurava di essere il suo esatto opposto. Decisi di salutare Roberto con gelida freddezza, mentre dinanzi a me vedevo già la nostra riconciliazione. Prima dell'arrivo alla stazione di Nizza ci sarebbe stato tempo a sufficienza per sciogliere in calore il gelo tra di noi.

Quando il treno partì, tutto in me – i piedi, le mani, gli occhi, anche il vestito – bramava Roberto, ma nell'istante in cui ci incontrammo alla porta a vento tra le carrozze, il mio corpo esprimeva rifiuto. Se nella minuscola toilette avevo appena guardato in faccia un'eroina del cinema attanagliata dall'insicurezza, ora me ne stavo sulla porta inavvicinabile, concentrata a scoccare frecce avvelenate dall'offesa e al tempo stesso sollevata all'idea di lasciare con Roberto la stazione di Milano e viaggiare verso Nizza.

Mentre ricambiavo i suoi tentativi di avvicinamento con sguardo freddo e silenzio, decisa a non fargli compagnia nella gioia del viaggio, in realtà non facevo altro che ritardare il sospirato momento della rappacificazione, che a poco a poco arrivò quando gli parlai del film *Una Rolls-Royce gialla*. Quando Roberto tirò fuori dalla sua borsa la traduzione tedesca della *Rovina di Kasch* e ci mettemmo a rileggerla insieme, migliorandola in alcuni punti, i muri che ci separavano crollarono del tutto.

Viaggiare entusiasma poiché significa fuga e, benché non avessimo ancora raggiunto il confine con la Francia, la vista del bagliore blu sul mare liberò in noi la sensazione che presto ci saremmo lasciati l'Italia alle spalle. I nomi di Ventimiglia e Montecarlo aprivano di colpo prospettive inattese.

A un certo punto, Calasso gettò un'occhiata alla pagina del libro che avevo appena aperto: "Lo stile al suo livello più profondo si basa sulla giustizia. Solo i giusti sanno come pesare la parola, come pesare la frase. Per questo motivo non si vedranno mai le penne migliori al servizio di una cattiva causa". «L'ha scritto nel

1942, quando portava l'uniforme» osservò. «Non capisco come si possa usare il termine *cattiva causa* o *buona causa*. Forse quest'estate rileggerò i suoi diari.»

Le giornate si erano allungate. Quando alle nove di sera il treno entrò nella stazione di Nizza era ancora chiaro e le foglie delle palme frusciavano nell'aria calda.

La camera all'Hotel Plaza, con le grandi finestre affacciate sul Jardin Albert 1er, dove erano stati allestiti i tendoni bianchi del Salon du livre, era ai miei occhi troppo moderna. La mia visione della felicità era legata a luoghi su cui si era ormai depositata una certa patina, luoghi un po' aggrediti dal tempo, vecchie biblioteche, giardini incantati, botteghe di antiquari, alberghi vagamente malandati o caffè sopravvissuti alle due guerre mondiali. Con il passare degli anni, le esperienze al fianco di Roberto mi hanno portato a rivedere queste convinzioni da bambina trasognata riguardo a luoghi e persone, ma ancora per un bel po' di tempo insistetti sulle mie stravaganti fantasie sul mondo, anche se a un certo punto le sue idee finirono per convincermi.

Quello che innanzitutto ho appreso da Roberto è non aspettarmi più troppo da luoghi e paesaggi. Sebbene all'epoca ne ridesse, i miei principi estetici a volte lo portavano alla disperazione, poiché le mie richieste erano da un lato particolarmente semplici, dall'altro invece complicatissime da soddisfare, soprattutto in quegli anni in cui il mondo aveva imboccato la strada di un perfezionamento tecnologico che un poco mi impauriva. Neanche Roberto, da parte sua, era entusiasmato dalla maggior parte delle conquiste della modernità. Nel *Rosa Tiepolo* scrive che la modernità è una categoria scintillante e spesso priva di significato, in cui si può identificare con certezza una sola caratteristica; finché essa ha prevalso, il massimo dell'elogio è stato chiamarsi *moderno*. Amavo Roberto soprattutto perché, come Flaubert, anche lui avrebbe potuto affermare di non essere affatto nato per scrivere cose moderne. Con una certa freddezza, constatava semplicemente che l'*homo saecularis* punta tutto sulla sua autonomia, fino al grottesco. Ma quando l'uomo celebra questa autonomia con parole maldestre e azioni assassine, come si dice nelle *Nozze di Cadmo e Armonia*, Atena si offende.

Nell'eccitazione di cenare in una città come Nizza, che legavo a un'eterna estate, indossai un abito da sera nero di Armani che Calasso mi aveva comprato a Venezia e che mi suscitava strani sensi di colpa, come se portassi abiti di una donna ricca, senza aver conquistato quella ricchezza.

Come in tutti i viaggi, anche in questo Roberto aveva con sé diverse guide di Nizza, della Costa Azzurra e della Provenza. Tra le altre anche la Guida Michelin, che consultava come un piccolo oracolo per i ristoranti. Viaggiare con la Guida Michelin mi era estraneo, essendo abituata a cercare locali un po' malandati che, fortuna volendo, si rivelavano vere e proprie bettole: una mania che Roberto in fondo condivideva, visto che gli ricordava le gite domenicali insieme a Bazlen, durante le quali i due amici finivano in qualche trattoria da quattro soldi.

Prima di salire su un taxi diretti al porto, mi mostrò l'Hotel Negresco, di cui aveva ricordi d'infanzia. Roberto amava i grandi alberghi d'antan. Una volta, all'Hotel Lutetia di Parigi, osservò che gli sarebbe piaciuto vivere in un albergo, come Nabokov, che aveva affittato una stanza al Lutetia. Il fatto che mia madre e io avessimo messo radici così profonde a Mornaga lo impressionava, benché fosse convinto che lui avrebbe potuto vivere solo in una grande città, pur conducendo la vita appartata di un uomo che dedica il proprio tempo all'occupazione per lui più importante: la scrittura.

Che fosse a Milano, in Grecia o a Mornaga, ovunque si trovasse, al mattino Roberto si ritirava alla sua scrivania, a leggere e scrivere nell'assoluto disinteresse per il mondo circostante, accanto a lui una tazza di caffè con un goccio di latte, che man mano si raffreddava. La presenza di quella tazza, da cui di tanto in tanto sorbiva piccoli sorsi, doveva incarnare per lui qualcosa di simile allo spirito dello stato di veglia. Fondamentale era soprattutto avere il caffè a portata di mano, in modo da poter afferrare la tazza nell'istante in cui la concentrazione, l'ardore del pensiero, il *tapas* su cui ha scritto tante pagine, si affievoliva.

Quelle ore mattutine, in cui era circondato dai suoi libri, nella consapevolezza che, al di là della porta, si svolgeva la vita regolata della sua casa, mi davano l'impressione di una solitudine incantata. L'intelligenza di Roberto esigeva solitudine e distanza dagli altri. Il desiderio di trascorrere molto tempo da solo, in compagnia dei libri, era un altro forte legame tra noi. Nella *Folie Baudelaire* Calasso cita una lettera di Baudelaire a Flaubert in cui si dice che lavorare è un'attività che non conosce tregue, che spegne i sensi e mette a tacere le fantasticherie, una dimensione di volontà pura, sempre in movimento. Credo che per Calasso la scrittura equivalesse a un atto cultuale di immersione nel divino. Se per lo spirito lo yoga è un modo di venire a contatto con sé stessi, come si dice nell'*Ardore*, allora Roberto praticava yoga per molte ore al giorno. Nella *Bhagavadgītā*, Kriṣna pone la massima enfasi sul fatto che lo spirito sia aggiogato (*yukta*). Non c'è liturgia, sostiene Calasso, che non presupponga questo giogo, l'esercizio, l'*askesis*, che sta alla base di ogni altra disciplina dello spirito.

In una lettera Kafka parla del rapporto tra lo scrittore e la scrivania: a suo parere, l'esistenza dello scrittore dipende dalla scrivania, e per sfuggire alla follia non dovrebbe mai allontanarsene ma "aggrapparvisi con i denti". Anche il legame di Roberto con la scrittura potrebbe essere descritto in questo modo: si aggrappava con i denti a tutto ciò che raffigurava la possibilità di una scrivania.

Come il cuore nel corpo umano, la scrivania di uno scrittore, in quanto punto di raccolta dei suoi pensieri e ponte di comando delle emozioni, è il centro della sua vita. La mia scrivania sta nel vecchio fienile in cui portai Roberto quella notte di novembre, quando venne per la prima volta a Mornaga. Nel punto in cui si trova la scrivania, quarant'anni fa, un albero di sambuco allungava da fuori nello stanzone i suoi rami dalle foglie velenose, lì il pavimento di legno era in alcuni punti così logoro che da bambina l'accesso in quel regno di fieno e luce, abitato da topi e zanzare, era accompagnato dalla sensazione di pericolo e dalla paura che a ogni passo che facevo sulle tavole, vecchie di chissà quanti anni, bianche come ossa, seccate fino al midollo, avrei potuto sprofondare nell'oscurità rorida che il porcile al piano inferiore emanava tutt'intorno. Questa stalla, piena di buio, di abbeveratoi, di letame calpestato e di grugniti di un tempo, mi incuteva un timore diverso rispetto alla paura di un'improvvisa caduta dal piano superiore a quello inferiore. A intimorirmi, tra le ombre ammassate negli angoli ammuffiti degli antichi muri, era l'immagine di un contadino taciturno, posseduto da passioni, che stendeva la paglia per i maiali nella fresca penombra e riempiva di ghiande i trogoli in pietra. Avevo otto anni quando, un pomeriggio d'agosto, entrando in quel luogo inondato di luce e dal canto delle cicale, dominato da un covone alto come una scala, non vidi più solamente un luogo periglioso, bensì il paradiso, caldo come un nido d'uccello, un paradiso di solitudine senza tempo, e ricordo ancora come, nell'aria tiepida del fienile, non avessi altro struggente desiderio che la presenza di un ragazzo da seguire sui pioli della scala fino alla cima del covone. Purtroppo, questo desiderio non fu mai esaudito, perché una mattina il fieno venne buttato fuori dalle alte finestre, le tavole fatiscenti furono divelte, i trogoli demoliti a colpi di piccone e sfondata la porta marcia, che pendeva lasca dai cardini. Sbarrato l'accesso a vipere e vagabondi, il rudere poté essere trasformato nella casa dove un giorno sarebbe arrivata la mia scrivania dalle gambe un poco troppo corte.

Al Negresco erano scesi Cary Grant, Grace Kelly, Louis Armstrong, Marlene Dietrich, Alfred Hitchcock e Salvador Dalí con il suo leopardo. L'hotel mi piaceva perché era una sorta di mausoleo in memoria di un passato estremamente elegante e avventuroso. Alla ricchezza ora ostentata sulla Promenade des Anglais ero invece del tutto indifferente. Gli uomini in cui riconoscevo subito la dimestichezza con grandi somme di denaro, non importa se fossero eredi di cospicui patrimoni, speculatori, agenti immobiliari o gigolò, suscitavano in me un vago orrore. Non mi sarei mai fatta sedurre da chi ai miei occhi era attaccato a cose misere come una Lamborghini scintillante o un Rolex d'oro. Non avrebbe significato nulla per me essere a Nizza insieme a un milionario, salire su un'auto che a me sembrava brutta o passare le mie notti su uno yacht. La memoria di mio padre, per il quale la vita vera era quella dello spirito, mi ha sempre aiutato a rendere più salda la convinzione che non si vive di solo pane. È stato il mio orgoglio avere avuto un padre che non solo assomigliava a Čechov nell'aspetto, ma che, al pari dello scrittore russo, era anche un uomo tenero, gentile, indulgente, un uomo che aborriva la menzogna, non conosceva freddezza né cinismo, sacrificava tutto alla scrittura dei suoi libri e poneva lo spirito al di sopra della materia. Ecco perché anche una giacca di Roberto, con le penne, i quaderni, le monete, le graffette e i talismani nascosti nelle tasche, significava per me molto più di qualsiasi oggetto di prestigio. Ciò che distingueva sopra ogni altra cosa Calasso da altri uomini era la sua costante vicinanza a un altro mondo, a cui aveva accesso tramite i libri. Così come i passi di un mineralogista lo conducono inevitabilmente su un terreno dove con la lente d'ingrandimento e l'acido cloridrico esamina la struttura dei minerali, le ricerche di Calasso lo portavano inevitabilmente al divino, che poteva rivelarsi ovunque, in un'invocazione a Varuna, un frammento di Pindaro o uno "scherzo" del Tiepolo, ma bastava anche, come lui stesso scrive, avere la forza di guardare il dio dentro di sé.

Quella sera Roberto aveva prenotato un tavolo al ristorante L'Âne Rouge, dove mangiai per la prima volta *bouillabaisse* e gli parlai di un libro di Franziska zu Reventlow che mi aveva chiesto di valutare.

Sollecitati dalla lettura dei suoi diari di Parigi, tornammo a parlare di Ernst Jünger, a cui Calasso aveva fatto visita nel 1995. Roberto sosteneva che Jünger non avesse scritto nessun romanzo davvero degno di attenzione e che solo *Il cuore avventuroso* e i diari fossero veramente belli, benché ritenesse ridicolo il titolo *Siebzig verweht*, che potremmo tradurre con "Settanta volati via". Mi raccontò della sua visita a Wilflingen insieme a Michael Klett, di come la casa gli fosse sembrata antiquata e piccolo borghese, e delle parole che Jünger gli aveva detto al momento del commiato: «Il segreto più grande rimane comunque il serpente!». Quando nel 2022 mi recai a Wilflingen per visitare la casa di Jünger, scoprii *Le nozze di Cadmo e Armonia* in una piccola libreria sistemata nella spartana camera da letto dello scrittore.

Tam Tam: già mentre andavamo all'Hotel Negresco il nome di questo bar aveva attirato l'attenzione di Calasso. Dopo la cena al porto, non aveva in mente altro che andare al Tam Tam a bere rum.

So che gli occhi di Roberto quella sera erano puntati unicamente su di me, però era proprio in luoghi come questo bar, con l'atmosfera surriscaldata e un po' volgare, che una cameriera poteva suscitare non solo la mia gelosia ma anche la mia inconfessata ammirazione, poiché il mio amore per Roberto mi faceva guardare questa donna dalla sua prospettiva, ancora impregnata dei film con Marlon Brando, che in gioventù aveva adorato come un idolo, e influenzata dai romanzi di Simenon. Il vecchio mondo dei porti, con le sue navi container, i rimorchiatori, i bar e i bordelli, attraeva Roberto in modo irresistibile. Non l'ho mai visto più sciolto, leggero e felice come a Nizza, Atene, Symi, Kardamyli, Citera o Kochi nel Kerala. Se, come disse Lévi-Strauss, i miti sono ciò che non va perduto in traduzione, allora, come scrive Calasso nella *Folie Baudelaire*, si può affermare che queste storie siano state anche la più affidabile e forse l'unica lingua franca, da tempo immemorabile usata in modo efficace e ininterrotto nei porti, nelle foreste, nelle tende e nei caravanserragli. L'amore di Roberto per le foreste e i quartieri portuali era così forte perché in essi soffiava ancora il ricordo di questa lingua franca?

Il giorno dopo, una pioggia monsonica si abbatté su Nizza immergendo la nostra stanza nella luce ombrosa del temporale. Ancora oggi collego quella mattina al rumore delle palme sferzate dalla pioggia e all'odore fresco e leggermente amaro di Vol de Nuit, il profumo che Roberto mi aveva regalato durante quel viaggio.

I tendoni della piccola fiera del libro nel Jardin Albert 1er erano chiusi, malgrado su "Nice Matin" si leggesse "La folla si accalca al Salon du Livre".

Quando verso mezzogiorno uscì il sole e sulle strade tornarono i rumori della città, lasciammo il Plaza. Indossavo un lungo abito bianco, che suscitava in me la sensazione di poter presto cambiare il corso delle cose.

Nella luce fresca degli alberi dal fogliame verde scuro si celava la bellezza di inizio estate, bellezza ondosa, come sorretta dal cinguettio incessante degli uccelli, in cui si mescolava il profumo al sandalo di Roberto, che aveva qualcosa di caldo e simile allo zafferano, una fragranza dalla decisa consistenza oleosa, che avrebbe potuto impregnare lo spazio tra le sopracciglia di un *sādhu* immerso nella meditazione. E questa fragranza mi riportò a Londra, in un negozio di Floris, dove un commesso spocchioso aveva preso da uno scaffale una bottiglietta di profumo al sandalo e l'aveva avvolta nella carta velina come fosse l'unica cosa in grado di dare senso alla vita.

Il mare sfavillante sotto il sole e l'aria di giugno, che sapeva di ciliegie e croissant freschi, destarono in me vari desideri, come quello di acquistare in una boutique, sotto forma di un sapone alla lavanda, un soffio di quel mezzogiorno estivo nel Sud della Francia. In quell'aria sbocciarono tuttavia anche altri desideri, come quello, destinato a diventare sempre più forte, di avere un figlio da Roberto e di trascorrere insieme a lui lunghe vacanze estive al mare. Ormai l'India era completamente dimenticata. L'aria della Côte d'Azur aveva spazzato via le immagini di Benares o Jodhpur.

Al Salon du Livre incontrammo Vladimir Dimitrijević, con il quale Roberto chiacchierò a lungo prima di comprarmi *Le notti di San Pietroburgo* di Joseph de Maistre e un *Almanach des Modes*.

Calasso aveva conosciuto Vladimir nei primi anni Settanta alla Fiera del libro di Francoforte, il cui fascino, negato da tanti, a lui pareva risiedesse proprio nel rapporto euforizzante fra denaro e letteratura. Dopo aver incontrato Dimitrijević questa fascinazione aumentò, benché i libri di alcuni autori come Albert Caraco o Andrej Belyj, Stanisław Witkiewicz o Aleksandr Zinov'ev, pubblicati da L'Âge d'Homme, avessero attratto Roberto ancora prima di conoscere l'editore serbo (che viveva tra Losanna e Parigi), e in seguito, nel corso della loro amicizia, fornirono materiale per appassionati dialoghi, poiché si trattava di una sorta di febbre, quando i due editori parlavano di letteratura. Con Vladimir, si legge nell'*Impronta dell'editore*, Roberto condivideva il pensiero che, parlando di libri, si entra in uno spazio molto più vasto, leggero e libero rispetto a quando si parla del mondo, o peggio ancora, delle proprie cose.

Anche geograficamente i miei orizzonti si ampliavano di viaggio in viaggio. Dopo aver assistito a una conferenza in cui Vladimir presentava una delle sue scoperte letterarie, il romanzo *Il cavallo rosso* di Eugenio Corti, Roberto mi domandò se mi sarebbe piaciuto andare a Saint-Paul de Vence. All'idea di andare in taxi da Nizza alla Provenza, che non immaginavo così vicina alla Costa Azzurra, ero fuori di me dalla gioia.

Di Saint-Paul de Vence, situato su una collina, mi piacque tutto: i platani, i giocatori di bocce, le fontane, i negozi che stavano per chiudere e le colline circostanti. Quando Roberto mi lasciò un attimo per comprare una grande sciarpa color castagna, continuai a camminare da sola per la stradina principale e nella brezza calda salii fino al muro di cinta della città, per poter vedere meglio il paesaggio. Nella trasparente luce della sera, appariva massiccio e selvaggio, anche se costellato da ville estive. Quando Calasso mi raggiunse, ci recammo al cimitero, disteso nella solitudine serale, che profumava di pini. Scoprimmo la tomba di Marc e Bella Chagall, la maggior parte dei nomi sulle altre tombe era però di italiani.

Carichi di impressioni nuove, poco dopo, in un piccolo ristorante dipinto di bianco simile a un fienile, prendemmo posto a un tavolo vicino alla porta, dalla quale guardavamo fuori l'avanzare del buio e l'alzarsi del vento, che scompigliava i capelli dei passanti. All'improvviso calò un freddo tale che ci mettemmo la nuova sciarpa intorno alle spalle.

Quando arrivarono al nostro tavolo il vino rosso, il carré d'agnello e le patate gratinate, non avrei potuto essere più felice. A pochi passi da noi sedeva una coppia dai luminosi occhi azzurri. Un giovane finlandese, con i capelli corti e biondi, abituati al vento, e sua moglie, di almeno dieci anni più grande, anche lei bionda, con uno sguardo un po' vuoto in cui si rispecchiava un'anima Ikea. Accanto a loro c'era una bambina piccola in una carrozzina, i genitori conversavano a bassa voce e a turno posavano la mano sulla testa della figlia che, sotto la copertina di lana colorata, emanava il calore di una mela al forno. Mentre immaginavo di avere da Roberto un figlio, tornavo sempre a guardare il trio biondo, inondata da un sentimento di maternità che fino ad allora non avevo mai conosciuto.

Roberto possedeva i mezzi per rendermi felice. Era l'uomo che poteva darmi ciò che cercavo e di cui il mio sviluppo spirituale aveva bisogno. Non sono le buone azioni ad avvicinare gli uomini agli dèi, scrive Calasso nel *Cacciatore celeste*, ma qualcosa di molto più raro e difficile: la capacità di essere felici, che occorre esercitare. Pensare a una vita senza Roberto, alle conseguenze di una separazione, prendere forse la decisione di ricominciare gli studi abbandonati e cercare un altro uomo che molto probabilmente non mi avrebbe raccontato aneddoti su Talleyrand, regalato volumi di poesie di Gottfried

Benn, spedito lettere azzurre in buste gialle o affidato a un corriere il compito di portare a Mornaga pacchi di libri, erano cose che la mia immaginazione non era più in grado di concepire. Avevo bisogno della sua presenza, poiché mi offriva una libertà di pensiero che in tale misura non avevo mai conosciuto prima, e avevo bisogno della sua ammirazione per sentirmi rafforzata nella mia natura. Certo, Roberto possedeva alcuni gravi difetti, come l'arroganza, il suo carattere chiuso e la severità di giudizio. Un difetto però gli mancava: non era mai noioso. Sapevo che il nostro amore avrebbe forse attraversato momenti difficili, ma anche che mai si sarebbe offuscato, poiché entrambi possedevamo la capacità di lasciarci immediatamente alle spalle le faccende terrene e cominciare a discutere di un mondo altro con i suoi dèi, le sue ninfe, i suoi poeti, i suoi serpenti, i suoi profeti e narratori di storie, conversazioni che alimentavano sempre più in me la convinzione che il mondo dello spirito fosse più reale della realtà.

Riguardo alla sua riservatezza, i libri di Roberto sembrano non rivelare nulla di lui. Chi però li legge con attenzione, scopre in ogni singola frase qualche cosa del suo essere, in cui albergava la volontà di spezzare le catene della misera angustia dell'io. Per parlare di sé, Calasso nei suoi libri ha rinunciato all'"io". Nella *Folie Baudelaire* definisce lo scrittore qualcuno che attraverso la parola scritta inevitabilmente rivela qualcosa – anche sé stesso. Come tutti gli scrittori, anche Calasso, attraverso quella stregoneria incantatoria che secondo Baudelaire è la scrittura, era alla ricerca del suo essere più intimo, che trovava tuttavia rispecchiato in moltissimi altri: in Apollo e in Adorno, in Emily Brönte come in Brummell, nei profeti e nei *Ṛṣi*, in Degas e De Quincey, in Kafka e Mallarmé, in *Gilda* e Gogol', in Alfred Hitchcock e in Swedenborg. Come un ragno secerne il suo filo, Roberto faceva emergere da dentro di sé, uno dopo l'altro, gli dèi, gli eroi e i filosofi dell'antica Grecia, connettendoli, nel corso dei decenni, con altri dèi e dee, musicisti e pittori, poeti e pensatori che compaiono nelle sue opere. Ogni volta si verificava una fusione con queste diverse figure, che osservava con lo sguardo di un parente elettivo, cercando di coglierle dall'interno, poiché sentiva di condividere con loro qualcosa di impalpabile. Nel corso degli anni, nei suoi libri si era formata una processione di spiriti a lui affini, che appartenevano tutti alla *tribù profetica* di cui parlava così volentieri: un flusso di figure che viaggiano attraverso le epoche e i paesi, esseri spesso belli, spesso antichi, ad ogni modo sempre audaci, caratterizzati da un'avventurosa libertà dello spirito.

Quando uscimmo dal ristorante, dagli alti alberi fruscianti nella valle sotto Saint-Paul de Vence si levava il gracidio delle rane che si chiamavano da una parte all'altra. E da chissà dove provenivano uno scalpiccio di zoccoli di cavalli e le voci di attori di cui potevamo vedere le ombre proiettate sulle mura della città.

Attratti dall'idea di bere rum, a Nizza tornammo al Tam Tam, dove quella notte fece la sua comparsa un vecchio con la bombetta. Sembrava uscito da un film di Max Ophüls e ballava come un gigolò degli anni Sessanta.

Il mattino seguente, lasciammo l'albergo di ottimo umore e passeggiammo per le strade di Nizza. Il mare, le palme, le spiagge, gli ombrelloni, le persone che facevano jogging lungo la Promenade des Anglais, le vecchie milionarie uscite dai loro appartamenti vista mare con bassotti e barboncini: tutto sembrava prepararsi all'estate. Di lì a poco la calura si sarebbe abbattuta dalla Promenade des Anglais sulla città.

Al Musée Matisse comprammo un libro sulla Colombe d'Or e fummo colti da un tale entusiasmo per le foto contenute nel volume che ci facemmo di nuovo portare a Saint-Paul de Vence in automobile. «Non posso lasciare Nizza senza averti comprato quel vestito» spiegò Roberto, che, la sera precedente, nel negozio dove aveva acquistato la sciarpa marrone aveva visto una gonna provenzale colorata e un *cache-coeur* di cotone sottilissimo.

Quando a mezzogiorno entrammo nel ristorante Colombe d'Or, insieme a noi varcò il portone la nostra gioia. Sotto un fico, circondati da platani, ulivi, cipressi e vecchi muri, ordinammo un *panier de crudités* composto di carciofi crudi, carote, rape bianche, finocchi e uova sode. Attraverso le foglie degli alberi il sole illuminava la tovaglia bianca creando un gioco d'ombre in movimento. Ancora oggi per me la Colombe d'Or significa le ore del mezzogiorno, tra le dodici e le due, il cestino pieno di verdure, il caldo silenzio domenicale e la sensazione che da un momento all'altro possa comparire una star del cinema degli anni Cinquanta, ormai invecchiata, o un pittore ancora amico di Picasso.

Come accadeva spesso, anche durante questo lungo pranzo parlammo della scrittura. Per quanto riguarda la forma letteraria, fin dal suo primo libro, *L'impuro folle*, Roberto aveva tracciato la propria strada prendendo le distanze dalle mode del Dopoguerra, senza correre il rischio di scrivere in modo antiquato. Simile a un buon cuoco che evita l'acquisto di spezie già macinate e tritura lui stesso con il mortaio il pepe, il cardamomo o la corteccia di cannella per estrarne tutta l'essenza, Roberto è riuscito a restituire alle parole la loro sostanza spirituale. Le sue frasi sono partecipi di un'intensità poetica che va oltre la pura narrazione. Anche quando affrontava bisbetici temi metafisici, trattava il linguaggio, che è di un'assoluta e penetrante limpidezza, come un pensatore dal temperamento poetico. Frasi aforistiche, affermazioni categoriche e analisi critiche riguardo al nostro tempo attraversano i suoi racconti dei miti con salti sorprendenti e improvvisi cambi d'argomento, tanto che a volte Calasso arrivava a spingere la sua arte fino alle associazioni più ardite. Siccome però aveva il dono di una estrema sensibilità nel dosare prosa, riflessione metafisica, poesia e narrazione, le sue frasi non corrono mai il rischio di diventare passaggi prolissi o affannosi. A volte Calasso colpisce per fulminante brevità, altre volte invece l'occhio del lettore si trova a penetrare una prosa intricata e densa. Scavando fino al fondo, per giungere lì dove presumeva essere l'unica verità, instillava al tempo stesso nelle sue pagine il soffio della caducità.

Una parola che usava spesso era "sottile". E sottile si potrebbe definire la sua prosa, se questo termine non avesse perso la sua pregnanza. Alla sua maniera di scrivere corrispondono piuttosto i termini "acume" e "audacia". Calasso è audace poiché audaci erano gli autori dei testi da cui citava, non importa se si trattasse di Yājñavalkya, Svevo, Lautréamont o Robert Walser.

Nell'*Ardore*, un libro che conduce il lettore nel mondo vedico, i cui inni, miti e istruzioni sui rituali ruotano attorno al misterioso fatto che possediamo una coscienza, nel capitolo «La linea dei fuochi», Calasso osserva il fuoco sacrificale come un pittore che si permette di adottare punti di vista diversi. Descrive il timore, in chi sta compiendo il sacrificio, che la sua azione possa essere vana, racconta come vengono presentate le offerte e come si mette in moto il complicato apparato liturgico, e all'improvviso spiega che per l'uomo vedico il riconoscimento tra gli dèi e l'officiante era più importante del riconoscimento hegeliano tra servo e padrone, facendo poi seguire nel testo un dialogo tra l'officiante e il suo assistente, responsabile dell'accensione del fuoco. Quindi, presenta al lettore l'immagine degli officianti come assorti nei loro monologhi, uniti in un'identica allucinazione. Il *sadas* è il capanno dove l'officiante o l'iniziando trascorrono la notte prima di principiare gli atti liturgici, un luogo "a parte", frequentato dagli dèi, luogo che chiarisce la ragione di ogni spazio chiuso. In questo spazio vuoto, fragile e provvisorio, si stabilisce un contatto con gli dèi prima ancora che in un tempio. Il vuoto e la separazione dal resto del mondo sono sufficienti. Segue la bella constatazione che il *sadas* è una prima immagine di quello che un giorno sarà lo *studio* – non solo quello di san Girolamo, scrive Calasso, ma di ogni scrittore, una stanza che protegge la scrittura con "il manto dell'iniziazione e dell'ardore".

Questi passi costringono il lettore ad andare oltre sé stesso, a superare i propri limiti e a considerare un mondo altro dal suo, un'impresa in cui nessuno più degli dèi e dei poeti può fungere da traghettatore. Questo viaggio in un altro mondo, Roberto lo intraprendeva ogni giorno da capo, quando si sedeva alla sua scrivania.

La sera, tornati a Nizza, andammo di nuovo al Tam Tam. Stavamo bevendo del rum, quando all'improvviso comparve un giovane con la testa rasata e il petto nudo. Attorcigliato sulle spalle bianche e muscolose portava un serpente boa, che mostrava curioso la sua minuscola lingua arancione ai clienti. Nel *Rosa Tiepolo* si dice che il momento in cui la donna – Eva – comprende che l'albero è piacevole alla vista, segue immediatamente le parole del serpente. L'atto del guardare e l'animale più scaltro sono quindi strettamente connessi. Ovunque si tratti di immagini, scrive Calasso, si incontra il serpente. Il serpente è il *continuum*, ciò che tutti hanno perso, ciò che inevitabilmente riaffiora e sfugge. In ogni serpente, anche nel più piccolo, scrive Calasso, si può riconoscere la potenza del Leviatano e di Behemoth, quegli esseri che non possiedono un profilo e che nessuno sguardo può racchiudere perché lo sguardo stesso vi è racchiuso. Divino è ciò che non ha perso il suo legame con il serpente. Il divino, che è il *continuum* e l'invisibile, è legato al serpente in vari modi. Di una cosa Roberto era sicuro: ovunque si trattasse di misteri, apparivano serpenti. C'era allora da meravigliarsi che un serpente apparisse proprio in un luogo come quel bar?

***

In un'afosa mattina d'agosto del 2024, che annunciava tuoni e lampi serali, mi recai a Venezia in compagnia di due amici. Era il periodo dell'anno in cui Roberto e io, insieme ai nostri figli Josephine e Tancredi, ci trovavamo sempre già in vacanza da alcuni giorni, per cinque lunghe settimane estive in cui ognuno di noi era strappato alla sua vita abituale e in Grecia viveva una felicità che si imprimeva nel cuore. I ricordi di quei viaggi evocavano in me l'immagine di Roberto davanti allo sportello delle Aegean Airlines a Malpensa, con in testa un cappello di paglia, pantaloni di lino bianchi larghi e un po' troppo lunghi, una giacca di lino anch'essa bianca, le cui tasche rigonfie contenevano i nostri biglietti aerei, il suo fermasoldi d'argento, taccuini, penne, matite e piccoli talismani. Ci stava aspettando, allegro come un ragazzino.

In noi così come in Roberto si vedeva chiaramente che stavamo per partire per una lunga vacanza estiva: Josephine portava nella sua valigia l'equipaggiamento di una ragazzina che da serate in spiaggia o feste con padroni di casa ancora sconosciuti si aspetta sorprese in grado di cambiare il suo destino; la valigetta rossa di Tancredi racchiudeva, insieme al suo guardaroba, piuttosto elegante per un bimbo, i libri che gli avrei letto: *La mia famiglia e altri animali* di Gerald Durrell o *L'isola del tesoro* di Robert Louis Stevenson. Al pari di Roberto, spesso anche noi eravamo vestiti di bianco e insieme ricordavamo una moderna piccola setta itinerante di Orfici, che vagava per il mondo portando con sé borse piene di libri.

Un'estate avevo letto le opere di Platone, un'altra Omero, mentre in un successivo viaggio in Grecia era stato Virgilio il mio fedele compagno. Erano libri che nella luce della Grecia avrei letto in maniera completamente diversa rispetto a casa, ne ero certa. Forse si vedeva anche che tutti noi eravamo in fuga, una meravigliosa fuga, dalle abitudini e dai doveri estenuanti della vita quotidiana, dalle torture scolastiche, dal faticoso lavoro editoriale, ma soprattutto dai lunghi periodi di separazione, giacché io continuavo a vivere con Josephine e Tancredi a Mornaga, Roberto invece a Milano. La cartolina della *Fuga in Egitto*, che gli avevo lasciato allo stand Adelphi il giorno dopo il nostro primo incontro alla Fiera del libro, non alludeva forse già ai nostri futuri viaggi, che un poco assomigliavano a fughe? Come erano remoti tutti quei ricordi! Appartenevano ormai alle cose che mai accaddero ma sempre sono, come scriveva Salustio nel suo *Sugli dèi e il mondo*.

Come un tempo il giorno delle nostre partenze per la Grecia, anche per il viaggio a Venezia avevo scelto un lungo abito bianco e un cappello di paglia. Non era uno dei vestiti di allora, ma una replica, simile alla veste che Tiepolo fece indossare alla figlia del faraone nel dipinto *La scoperta del bambino Mosè* e, qualche anno dopo, a Cleopatra nel *Banchetto di Antonio e Cleopatra*. La vita, si legge nel *Rosa Tiepolo*, presenta sempre occasioni in cui le forme cerimoniali contano, e allora va tirato fuori dall'armadio un capo d'abbigliamento consono. Questo vestito è *la* storia. Vestirsi in maniera ordinata, bella e dignitosa ai miei occhi equivale, fin dall'infanzia, a un atto cerimoniale con cui si onora la vita che ci è stata donata. Per il viaggio a Venezia avevo scelto l'abito bianco poiché anche quel giorno si trattava di una cerimonia in cui la forma giocava un ruolo importante: avevo intenzione di visitare la tomba di Roberto. E ancora un poco orgogliosa di aver ai suoi occhi posseduto, in alcuni momenti della mia vita, l'incanto della Venere del Tiepolo, non volevo far assolutamente mancare un altro dettaglio: un unico filo di perle, che lui tempo prima mi aveva comprato ad Amsterdam. Nella mia borsetta c'era la guida dell'Italia di Eckart Peterich, un libro che spesso avevo portato con me durante i viaggi fatti insieme a Roberto per leggergli alcuni passi nelle chiese e nei musei. All'epoca, lui rideva del mio zelo e una volta fece una rima in tedesco: "Der Peterich, der Peterich, der ist ein arger Wüterich", che suona più o meno "Peterich, Peterich, ma che furioso invadente".

Era mezzogiorno e mezzo quando salii sul vaporetto 5.2 verso Fondamente Nove, in preda a quella leggera ipnosi che l'arrivo a Venezia riesce a provocare, quando la capacità percettiva minaccia di venire meno sotto l'effetto delle processioni di esseri viventi che si muovono in ogni direzione e approdano nella città lagunare come inarrestabili carovane di avidi cercatori all'inseguimento di qualcosa che forse è una divinità: la bellezza.

Sul vaporetto, circondata dalla ressa di turisti che mi ostruiva la visuale, seduta su una poltrona di plastica verde, mi sforzavo di guardare fuori da un finestrino che si apriva sopra di me, attraverso il quale non solo entrava un soffio d'aria nella cabina soffocante, ma che mi permetteva anche di veder passare i tetti delle chiese, le cupole e le torri. Come la falena attratta dalla fiamma, i miei occhi sentivano l'urgenza di guardare oltre la claustrofobica angustia. A volte, da un albero lontano, giungeva alle mie orecchie il frinire di una cicala. Questo mio sguardo immobile attraverso la fessura del finestrino aperto, l'ascolto del frinire delle cicale, non erano altro che misure terapeutiche per non cadere preda del panico nella cabina surriscaldata e gremita di gente. Quando staccai un attimo gli occhi dalla fessura per gettare uno sguardo intorno, mi attrasse la vista di una bambina di forse nove anni. Aveva lunghi capelli castano chiaro, un viso arrossato e sudato, due occhi azzurri e pieni di lacrime che mostravano un odio profondo per Venezia, la città che attraversava insieme ai genitori e tre fratelli come fosse un limbo, tenendo disperatamente davanti al suo piccolo viso infelice un ventilatore a mano rosa.

Dopo le fermate di Sant'Alvise e Madonna dell'Orto, scendemmo alle Fondamente Nove e, in attesa del vaporetto 4.2, cercammo con passo leggermente vacillante un po' d'ombra nel giardino di Palazzo Donà dalle Rose. Qui, su una sedia a sdraio, giaceva allungata *La Bagnante*, opera dell'artista Luigi Citarella, il cui corpo, leggermente sovrappeso, era di un colore cementizio, e che al posto della testa aveva il calco di un motore di Vespa rotto. Di fronte a questa *Bagnante*, si librava nell'aria un *Angel of Africa* nella posa della Nike, fatto con barre di ferro. Nel lasciare il giardino incantato, dove disseminati nell'erba giacevano stemmi e antiche spoglie in pietra, scoprii grazie a un manifesto che eravamo finiti nel padiglione della Repubblica del Camerun della Biennale di Venezia.

All'una e un quarto prendemmo il traghetto per San Michele, di nuovo circondati da famiglie che con le loro braccia tatuate, i loro colli e volti creavano intorno a me qualcosa di simile a un fitto mondo di segni, al di là del quale vedevo avvicinarsi sempre più l'Isola dei Morti, altrettanto densa di simboli, con i suoi cipressi e il campanile alto quaranta metri: una bella torre di mattoni che probabilmente fu costruita insieme alla chiesa, edificata nel 1221 dai monaci eremiti che vivevano qui.

Alla ricerca di segni, simboli e corrispondenze, sulle cui tracce Roberto si era mosso per tutta la vita, avevo fissa in mente l'idea di vedere il dipinto di Antonio Zanchi *Mosè che solleva il serpente di bronzo* nella chiesa di San Michele. Camminando passai accanto a un roseto e mi diressi verso il monastero dei camaldolesi. Un roseto su un'isola! Un tempo si trovava lì il vigneto dei monaci? Ed erano stati sempre i monaci a piantare le gigantesche magnolie che protendevano i loro lunghi rami sopra alcune statue di santi?

La porta verde della chiesa era sbarrata. Delusa, ma nella speranza di imbattermi in altri serpenti: di pietra, di bronzo oppure, chissà, anche in un serpente vivo, attraversai lentamente il chiostro, sotto le cui volte si era sedimentata un'antica quiete, e decifrai i nomi sulle lapidi incassate nei muri. In un oscuro passaggio laterale scorsi una vecchia lastra di pietra nella parete di mattoni, su cui si leggeva che era assolutamente vietato entrare nel cimitero con abiti scollati o che potessero offendere la santità del luogo.

Sulla via verso la parte evangelica del cimitero, dove è sepolto Iosif Brodskij, pensai a come più di trent'anni prima, al fianco di Roberto, avevo visitato la tomba del suo amico. In quel pomeriggio di febbraio, nulla era più lontano dalla mia mente dell'idea che le ceneri di Roberto potessero un giorno giacere qui. Già allora questa parte dell'Isola dei Morti, esposta alle intemperie, un poco trascurata, esercitava su di me un grande fascino. Qui domina uno spirito più avventuroso e romantico che nel resto del cimitero; qui il visitatore entra in un mondo tiepolesco, fatto di tronchi d'albero obliqui, lastre tombali in parte sprofondate nella terra, piramidi, anfore, sfere di pietra, secchi fusti di palme e obelischi, un mondo di silenzio, simile a quello che regna nei misteriosi schizzi e capricci del Tiepolo.

Dopo essere rimasta un po' di tempo davanti alla tomba di Brodskij ricoperta di edera, sopra la cui lapide si erano accumulate monete di tutto il mondo e conchiglie, piccoli sassi sui quali a volte si leggevano delle scritte, una civetta di plastica, un gatto di terracotta e un *cigarillo* adagiato accanto a un minuscolo cactus artificiale, mi misi alla vana ricerca della tomba di Ezra Pound, con cui Roberto condivideva il disprezzo per le parole superflue, per ogni aggettivo "che non riveli qualcosa". Nel magico silenzio, che il frinire delle cicale rendeva ancora più denso, mi imbattei in nomi affascinanti che trasportavano la mia fantasia in paesi ed epoche diverse.

Per l'occhio interiore una pietra tombale non è impenetrabile. Lo sguardo serpeggia tra le lettere del nome inciso sulla lastra e incontra l'ombra del defunto, la sua figura leggera come un soffio, che dopo un attimo già si è dissolta. Lì riposava Clarice Marjorie, amata figlia di Alice e Charles Novis "of India", morta a diciassette anni il 31 maggio 1929. Chi era Clarice Marjorie e come mai era morta a Venezia? Quell'angelo custode di pietra, con le mani colme di boccioli di rosa e le grandi ali che arrivavano fino a terra, aveva forse i tratti del suo volto? Il nome Clarice non suonava quasi fragile al pari del vetro? Poteva mai essere stata una donna ordinaria? Due lucertole si rincorrevano sulla lapide grigia di W. Courtney Harrison, maggiore dell'esercito britannico a Bombay, morto il 12 gennaio 1882. Il nome A. Jones, cuoco della S.S. "Boliviana", evocò davanti ai miei occhi un uomo pallido, dai capelli chiari, che aveva trasformato il suo mestiere in un'avventura. Quando mi imbattei nel nome di Jean Schlumberger, famoso disegnatore di gioielli per Tiffany & Co, fui scossa da un leggero spavento. Questo epitaffio catturò un poco più a lungo la mia attenzione, poiché quel nome si era insinuato nella mia mente durante le mie prime vacanze estive insieme a Roberto e ai bambini sull'isola di Citera, quando abitavamo non lontano dalla famiglia Schlumberger. Roberto mi aveva raccontato di una certa Madame Schlumberger, di cui era stato amico, e dello storico Gustave Léon Schlumberger, i cui libri su Bisanzio influenzarono fortemente Léon Bloy. Ogni volta che la nostra piccola auto a noleggio incrociava la Land Rover dei numerosi membri della famiglia in una delle tortuose strade dell'isola, la cosa scatenava in noi allegria e curiosità, procurandoci un certo brivido mondano.

Durante gli attimi di sosta davanti alla tomba del conte Pontus von Stenbock, "Generale dell'Impero russo", nato a Reval il 24 luglio 1800, mi venne incontro dalla pietra una chimera con la spada. La baronessa Louise Taube, nata a San Pietroburgo nel 1822, nella sua vita aveva forse sognato troppo. Non riuscivo a vedere dietro il suo nome una persona sobria e pragmatica. E che esistenza poteva aver condotto Hans Heinrich von Jordan, "Tenente dell'esercito imperiale prussiano, di servizio nel VI Reggimento degli Ussari", nato a Potsdam nel 1837? Il barone Philipp von Berlichingen, primo tenente dell'"Imperialregio reggimento dei cavalleggeri" sotto l'imperatore Ferdinando, lo vidi saldo in sella benché avesse un'aria malinconica. Circondata da ombre in abiti da sera e uniformi, con cappelli da cuoco e spade nella mano, mi domandavo se ognuno di noi non si inventi forse i vivi con i quali abbiamo a che fare ogni giorno come io in quel momento mi immaginavo le fisionomie e i destini dei morti. Sia come sia, tutti quegli uomini e donne erano personaggi dei romanzi di Lernet-Holenia, Musil o Conrad.

Quando scoprii su una lapide con svolazzanti bandiere blu il nome di Helenio Herrera, l'allenatore di calcio argentino, feci un cenno di saluto. C'era qualcosa di divertente nel fatto che "il mago del calcio" giacesse non lontano da Roberto, "il mago di Adelphi", che fino alla fine aveva mantenuto la sua passione per il calcio.

Con la mente piena di nomi e destini sconosciuti, lasciai questa parte del cimitero colma di racconti e passai davanti alla tomba di famiglia di Giovanni Bertin: sull'ingresso ad arco in pietra sono scolpiti due pavoni che intingono il becco in una ciotola sistemata in mezzo a loro. Ecco i due uccelli delle Upaniṣad, che simboleggiano il rapporto tra l'anima umana e l'anima divina: "Due uccelli, dalle belle ali, intimi compagni, stanno appollaiati sullo stesso albero: uno dei due mangia il dolce frutto dell'albero, l'altro invece non mangia, osserva il suo compagno". Oltre al serpente, anche questa coppia di uccelli compare di continuo negli scritti di Roberto. In *Opera senza nome*, il suo ultimo libro, Calasso scrive che l'uomo non è un mattone compatto, ma ognuno di noi è i due uccelli delle Upaniṣad, posati sullo stesso ramo dell'albero cosmico. Uno mangia, l'altro lo osserva.

Ripresi il mio cammino sotto il sole rovente, ma dovetti fermarmi dopo pochi passi: l'aria che odorava di mare, alghe, resina di cipresso ed erba secca era quella che conoscevo dalla Grecia! Più che mai mi rendeva felice aver convinto Fleur e suo nipote a portare le ceneri di Roberto a San Michele, dove regna la luce del Tiepolo e soffia l'aria della Grecia, dove la bianca pietra d'Istria brilla al sole e ricorda Eleusi. Ma anche per altre ragioni sono fermamente convinta che San Michele sia il luogo giusto per l'anima di Roberto. Venezia non è solo la città natale di Enzo Turolla e la patria adottiva di Iosif Brodskij, ma anche la città di Aldo Manuzio, il più importante editore e stampatore di testi greci della sua epoca, che a partire dal 1495 pubblicò cinque libri di Aristotele e, tra molte altre, opere di Teocrito, Aristofane, Omero, Pindaro e Platone. La sua stampa più famosa, l'*Hypnerotomachia Poliphili* di Francesco Colonna, era uno dei libri più cari a Roberto. Nella città del vetro e degli specchi, di avventurieri galanti e pericolosi, inizia anche l'Oriente. E da sempre Venere, a Venezia, ha esercitato il suo potere, tanto che Theodor Däubler sosteneva che il nome della dea sia racchiuso in quello della città. In fin dei conti, Venezia rimane una città che ha sempre suscitato e sempre susciterà stupore, quel tipo di stupore di cui Calasso scrive nell'*Ardore* e che la società secolare si è giocata.

Camminavo per l'ampio viale di cipressi, tra i vasti prati privi d'ombra e costellati di tombe, e dentro di me calava sempre più il silenzio, finché non raggiunsi il remoto Campo XX. Che il numero cinque avesse accompagnato Roberto anche al cimitero mi parve un'ulteriore corrispondenza, dato che, dopo la terza lettura di *La Folie Baudelaire*, non esistevano più coincidenze per me.

Mi sedetti sul bordo della tomba di Roberto e mi guardai intorno. Il cipresso che cresceva lì accanto, spaccato forse da un fulmine, mi raccontava ancora una volta qualcosa di Tiepolo. La notte sui suoi rami si posavano le civette? E la scopa di saggina appoggiata al cipresso era forse parente di quella che Ione usava al sorgere del sole per spazzare i resti delle offerte davanti al tempio di Apollo a Delfi?

Uno scricciolo spiccò il volo da un albero di alloro. Grida di gabbiani squarciavano l'aria e dalla laguna, dietro il muro di mattoni, arrivava il rumore estivo di un motoscafo. Un leggero alito di vento passava attraverso la trama di una ragnatela sulla tomba vicina e le zanzare traforavano l'aria. La fiamma abbagliante del sole splendeva sulla lapide di bianca pietra d'Istria nascondendo quasi alla vista il *Ka* (क) inciso in caratteri sanscriti sopra il nome di Roberto.

Quando nella *Recherche* Marcel scopre in un museo una copia della finestra ad arco arabeggiante dell'Hotel Danieli, dietro la quale sua madre si era seduta a leggere un libro e ad aspettarlo, quella finestra gli dice: "Mi ricordo ancora molto bene di sua madre". Mi auguro che il *Ka* sulla tomba dica un giorno ai miei figli e ai lettori dei libri di Roberto: "Mi ricordo ancora molto bene di Roberto". Perché tutto il suo essere va cercato in questo *Ka*, che in sanscrito significa "Chi?" ed è anche il nome del dio Prajāpati. Il *Ka* suscita la domanda: Chi era Roberto Calasso? E per colui che riflette, forse la risposta al perché Roberto sia vissuto si trova nel *Ka*, poiché, come il padre Sogol del *Monte Analogo* di René Daumal, che non vuole morire senza sapere perché è vissuto, tutti i libri di Roberto ruotano intorno a questa domanda ultima, che contiene in sé tutte le altre domande metafisiche e che per sempre deve rimanere una domanda.

La lapide di pietra d'Istria giace tra due piccoli alberi di melograno, piantati per merito di un'amica di Roberto, una donna accorta. Come la bella pietra venata che resiste all'aria salmastra della laguna, anche questa particolare varietà di melograno è in grado di far fronte al clima corrosivo di Venezia. Simili a campane tibetane, sospinti dalle brezze lagunari, i piccoli fiori e i frutti sui rami oscillavano delicatamente avanti e indietro.

In una mia precedente visita al cimitero avevo portato due statuette di bronzo, un Kriṣna che suona il flauto e un Śiva avvinghiato dalle gambe di Pārvatī. Durante il mio cammino per l'Isola dei Morti non avevo incontrato serpenti vivi o di pietra; il dio Śiva però, che predilige i cimiteri, indossa serpenti come gioielli. Nel *Rosa Tiepolo* Calasso dice che il serpente è l'unica specie di universalità dimostrabile, estetica, enigmatica. Questo rettile, così vicino ad Artemide, striscia sinuoso per tutta l'opera di Calasso. Come le onde del mare, il serpente simboleggia la conoscenza abissale e gli arcani maggiori. Emblema della resurrezione attraverso la muta, per Filone di Alessandria è il più "spirituale" tra tutti gli animali. Svolgeva un ruolo fondamentale all'interno della dottrina gnostica, soprattutto per la setta dei Naasseni, il cui fondatore Ippolito sosteneva che il serpente vive "in tutti gli oggetti e in tutti gli esseri". Se in Tiepolo c'è un segreto, secondo Roberto si tratta del serpente. Tutta l'inesauribile storia del *Mahābhārata* ha inizio con un sacrificio che avrebbe dovuto estirpare i serpenti. Ma i serpenti non si possono estirpare.

Certa che nella chiesa di San Michele avrei incontrato il serpente nel dipinto di Zanchi, ero rimasta delusa di fronte al portone verde sbarrato e al fatto che la mia ricerca si fosse rivelata senza speranza. Ora invece scoprivo che io stessa avevo deposto sulla tomba di Roberto, sotto forma di statuetta in miniatura, Śiva con un cobra intorno al collo. Il serpente rimaneva vicino a Roberto, emblema del potere racchiuso nei suoi libri di strappare il lettore alla quiete e al torpore dello spirito, come accade all'improvviso apparire di un serpente in un'epoca che dell'invisibile non vuole sapere nulla. Se per l'opera di Calasso si cercasse un emblema, esso sarebbe il serpente Glicone dal volto leonino, simbolo gnostico della conoscenza divina.

Purtroppo è vero quel che dice Marcel Proust, ossia che la realtà degli esseri dopo la loro morte è di breve durata e che dopo qualche anno essi divengono come gli dèi delle religioni estinte, contro i quali commettiamo crimini senza provare timore, poiché abbiamo smesso di credere nella loro esistenza. Ma così come Roberto non ha mai smesso di credere nell'esistenza degli dèi di religioni tramontate che onorò scrivendone, anch'io continuerò a credere nell'esistenza di Roberto pensando a lui e scrivendo di lui.

La coppia di amanti dell'anno 1995, i moderni successori di Plutone e Proserpina, Venere e Tempo, Venere e Vulcano (per Tiepolo le coppie perfette) che allora avevano sollevato molta polvere, non esisteva più sul palcoscenico del mondo, ma in me continuava a vivere.

Tra poco saranno passati i trent'anni che il giorno del nostro primo incontro, durante la cena al Restaurant Français, affermai avremmo trascorso insieme. Da allora, il mio cuore è più volte mutato, ho letto molti libri, perfezionato il mio mestiere di giardiniera e conosciuto più a fondo gli esseri umani, però il forte legame che Roberto e io creammo tra noi al Restaurant Français non si è mai spezzato. Nei suoi libri continuo a intrattenermi in sua compagnia, sulle sue orme continuo a cercare risposta alla domanda sul *perché* vivo. Più inquietante di qualsiasi magia – bianca o nera –, scrive Calasso nel *Rosa Tiepolo*, è la capacità di ciascuno di guardare sé stesso e di contemplare la propria vita come un palcoscenico. E questo "doppio sguardo" è forse la premessa di ogni magia.

Certificato PEFC
Questo prodotto è realizzato con materia prima da foreste gestite in maniera sostenibile e da fonti controllate
PEFC/18-32-03
www.pefc.it

Mondadori Libri S.p.A.

Questo volume è stato stampato
su carta HOLMEN
con fibra vergine proveniente da foreste sostenibili holmen.com/paper
presso ELCOGRAF S.p.A.
Stabilimento - Cles (TN)

Stampato in Italia - Printed in Italy